MONTAIGNE

COLEÇÃO
FIGURAS DO SABER

dirigida por
Richard Zrehen

Títulos publicados

1. *Kierkegaard*, de Charles Le Blanc
2. *Nietzsche*, de Richard Beardsworth
3. *Deleuze*, de Alberto Gualandi
4. *Maimônides*, de Gérard Haddad
5. *Espinosa*, de André Scala
6. *Foucault*, de Pierre Billouet
7. *Darwin*, de Charles Lenay
8. *Wittgenstein*, de François Schmitz
9. *Kant*, de Denis Thouard
10. *Locke*, de Alexis Tadié
11. *D'Alembert*, de Michel Paty
12. *Hegel*, de Benoît Timmermans
13. *Lacan*, de Alain Vanier
14. *Flávio Josefo*, de Denis Lamour
15. *Averróis*, de Ali Benmakhlouf
16. *Husserl*, de Jean-Michel Salanskis
17. *Os estoicos I*, de Frédérique Ildefonse
18. *Freud*, Patrick Landman
19. *Lyotard*, Alberto Gualandi
20. *Pascal*, Francesco Paolo Adorno
21. *Comte*, Laurent Fédi
22. *Einstein*, Michel Paty
23. *Saussure*, Claudine Normand
24. *Lévinas*, François-David Sebbah
25. *Cantor*, Jean-Pierre Belna
26. *Heidegger*, Jean-Michel Salanskis
27. *Derrida*, Jean-Michel Salanskis

MONTAIGNE
ALI BENMAKHLOUF

Tradução
Guilherme João de Freitas Teixeira

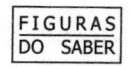

Título original francês: *Montaigne*
© Societé d'Édition Les Belles Lettres, 2008
© Editora Estação Liberdade, 2016, para esta tradução

Preparação Cacilda Guerra
Revisão Huendel Viana
Projeto gráfico Edilberto F. Verza
Capa Natanael Longo de Oliveira
Assistência editorial Fábio Fujita e Letícia Howes
Composição Miguel Simon
Comercialização Arnaldo Patzina e Flaiene Ribeiro
Administrativo Anselmo Sandes
Editor responsável Angel Bojadsen

CIP-BRASIL. CATALOGAÇÃO NA PUBLICAÇÃO
SINDICATO NACIONAL DOS EDITORES DE LIVROS, RJ

B416m

Benmakhlouf, Ali, 1959-
Montaigne / Ali Benmakhlouf ; tradução Guilherme João de Freitas Teixeira. - 1.ed. - São Paulo: Estação Liberdade, 2016.
248 p. ; 21 cm.   (Figuras do saber ; 28)

Tradução de: Montaigne
Inclui bibliografia
ISBN 978-85-7448-265-1

1. Filosofia francesa - Século XX. I. Título. II. Série.

16-30374   CDD: 194
                                 CDU: 1(44)

12/02/2016   12/02/2016

Todos os direitos reservados à Editora Estação Liberdade. Nenhuma parte da obra pode ser reproduzida, adaptada, multiplicada ou divulgada de nenhuma forma (em particular por meios de reprografia ou processos digitais) sem autorização expressa da editora, e em virtude da legislação em vigor.

Esta publicação segue as normas do Acordo Ortográfico da Língua Portuguesa, Decreto nº 6.583, de 29 de setembro de 2008.

Editora Estação Liberdade Ltda.
Rua Dona Elisa, 116 | 01155-030 | São Paulo-SP
Tel.: (11) 3660 3180 | Fax: (11) 3825 4239
www.estacaoliberdade.com.br

*À memória
de Zina Iraqi*

Sumário

Referências cronológicas	13
Introdução	29
I. Opinião ou conversa informal	45
1. A arte da conversação	47
2. A arte da comparação	51
3. A sugestão	53
4. Aforismos	59
5. Peças e pedaços (2, I, p. 101)	61
II. Aparência ou contradição	67
1. Salvar as aparências	67
2. Condução e uso do mundo	73
3. O sonhador distraído	77
4. Causas e razões	78
5. Natureza e costume	81
III. A mente veemente	85
1. A mente, o eu, a consciência	85
2. As dificuldades	86
3. O eu e o meu	89
4. As máscaras da consciência	94
5. Maneira [de dizer] e matéria	96
6. Sabedoria e loucura	97
7. A razão e o que vem do exterior	102

IV.	As escolas da tagarelice	109
	1. A *dúvida*	110
	2. A *ignorância*	113
	3. A *retórica*	116
	4. *Dialética*	120
	5. *Lógica*	122
	6. *Verdade, fato, testemunho*	127
V.	Intercâmbio e obrigações	133
	1. *Os livros*	134
	2. *A casa*	136
	3. *A amizade*	141
	4. *A mística das leis*	147
	5. *A religião*	153
VI.	A gramática do luto	159
	1. *A perda*	159
	2. *A dissociação*	165
	3. *O espaço de cada um e a graça divina*	166
	4. *Nada de puro*	169
	5. *Carregar a doença*	170
	6. *Envelhecer*	172
VII.	A volúpia, a virtude, a morte: entre objetivo e ponto extremo	177
	1. *Morte*	177
	2. *Virtude e prazer*	182
	3. *Tentativas e proezas*	187
VIII.	O si e os outros	193
	1. *O monstro que sou*	193
	2. *Milagre e superstição*	196
	3. *Barbárie e civilização*	200
	4. *Montaigne e os turcos*	207

IX. "De acordo com sua capacidade" 215
 1. *A capacidade* 219
 2. *Ordem sem elevação* 220
 3. *Cumprir o dever, suster, abster-se* 223
 4. *Desconhecimento e contentamento* 225

Conclusão 229

Indicações bibliográficas 237

NOTA DO TRADUTOR SOBRE AS EDIÇÕES DOS ENSAIOS

Para esta tradução, foi utilizado o texto de Michel Eyquem de Montaigne, *Ensaios*, vols. 1, 2 e 3, trad. Sérgio Milliet, 2ª ed., Brasília, UnB/Hucitec, 1987.

Quanto ao texto original francês, refere-se à edição dos *Essais* de P. Villey e V.-L. Saulnier, Paris, PUF, 1924, 1965 (2ª ed.) e 2004 (3ª ed.), col. "Quadrige".

"Esta edição (PUF, col. 'Quadrige', 2004) serve-se de letras", comenta M. Conche na rubrica "*L'auteur*" [O autor], "para indicar os estratos sucessivos do texto dos *Ensaios*: A — designa o texto de 1580 (ou 1582); B — o de 1588; e C — o texto posterior a essa data. Ora, a distinção dos estratos é necessária", prossegue M. Conche, "por duas razões:

"1) Para entender o pensamento de Montaigne. Um exemplo: a letra C indica que a explicação fornecida para sua amizade com La Boétie — 'Porque era ele, porque era eu' (1, XXVIII, p. 246) — é um adendo posterior a 1588.[1]

"2) Para estabelecer a correspondência, se for o caso, entre as anotações dos *Ensaios* e determinados eventos históricos contemporâneos. Antes de 1588, Montaigne escreve: 'O bem público exige a traição e a mentira' (3, I, p. 142). Após 1588 e o assassinato do duque de Guise (23 de dezembro de 1588), ele acrescenta: 'e o massacre'."

Assim, as citações do original, incluindo uma letra, serão mantidas ao lado da referência à tradução de Sérgio Milliet, cujos capítulos são indicados em algarismos romanos.

---

1. Essa frase famosa está à margem no "exemplar de Bordéus" (publicado em 1588 e que se encontra na Biblioteca Municipal de Bordéus). Uma observação detalhada permitiu determinar (nomeadamente pela diferença das tintas utilizadas) que ela tinha sido escrita em duas ocasiões: o segmento "porque era eu" foi acrescentado posteriormente. Cf. *Les Essais*, Livro 1, trad. em francês moderno do texto da edição de 1595 por Guy de Pernon, p. 266, nota 8. Disponível em: <http://epicurienhedoniste.blogspot.com.br/2012/07/montaigne-les-essais.html>.

Referências cronológicas

1527 Morte do político e historiador italiano Nicolau Maquiavel, autor da obra *O príncipe* (1513, publicada em 1532).

1530 Francisco I funda o Collège de France, a conselho do erudito e humanista francês Guillaume Budé (1467-1540). Nascimento de Étienne de La Boétie, em Sarlat, perto de Bordéus.

1533 Nascimento, em 28 de fevereiro, no castelo de Montaigne, no Périgord — extremidade nordeste da bacia da Aquitânia —, de Michel de Montaigne. A mãe chama-se Antoinette de Louppes, originária de uma família de judeus convertidos, emigrados da Península Ibérica; o pai, Pierre de Montaigne, é o primeiro dos Eyquem — família de burgueses enriquecidos no comércio de vinho e de peixe salgado, em Bordéus — a nascer, em 1495, nessa fortaleza do século XIV; tal aquisição, aliás, tinha conferido ao bisavô Ramon Eyquem, em 1477, o título de *seigneur* de Montaigne, que seria legado aos descendentes. Michel terá quatro irmãos e três irmãs: Thomas (1534), Pierre (1535), Jeanne (1536), Arnaud (1541), Léonor (1552), Marie (1555) e Bertrand (1560).

1534   Inácio de Loyola funda a Companhia de Jesus, que será um dos principais baluartes da Contrarreforma católica. A prática da tortura da roda é, de novo, autorizada. Jacques Cartier chega à Terra Nova.

1536   Jacques Cartier sobe o rio São Lourenço e, em nome do rei, toma posse da "Nova França". Pierre de la Ramée, chamado Ramus, obtém o diploma de mestre em artes, ao defender uma tese intitulada "Tudo o que foi dito por Aristóteles é ficção".

1539   Montaigne começa a estudar no Colégio de Guyenne, em Bordéus, dirigido então pelo humanista português André de Gouveia (1497-1548).[1]

1541   Publicação em francês de *Institution de la religion chrétienne* [Instituição da religião cristã] — suma teológica do protestantismo francês, cujas edições (1541 e 1560) constituem monumentos da língua francesa — pelo reformador Calvino. Inácio de Loyola torna-se superior geral dos jesuítas. Morte do alquimista e médico suíço-alemão Paracelso. Nascimento de Pierre Charron, posteriormente discípulo e sistematizador do ceticismo de Montaigne.

1543   Copérnico — astrônomo polonês que desenvolveu a teoria heliocêntrica, ponto de partida

---

1. "[...] o mais importante diretor [de colégio] da França" (1, XXVI, p. 238). Gouveia foi um organizador emérito do ensino pré-universitário, ou colegial, como testemunham as páginas de *Schola Aquitanica*, que, segundo W. H. Woodward, é "um dos mais preciosos documentos que possuímos sobre a organização e os programas das escolas do século XVI" (*Studies in Education during the Age of the Renaissance, 1400--1600*, Cambridge, Cambridge University Press, 1906, reimpr. 1924). Tendo regressado a Portugal em 1547, a convite do rei d. João III, acompanhado de um grupo de mestres estrangeiros, ele dirigiu o Real Colégio das Artes e Humanidades, em Coimbra. [N.T.]

da astronomia moderna — publica *De revolutionibus orbium cœlestium* [Sobre as revoluções das esferas celestes] e morre algum tempo depois.

1545   Início do Concílio de Trento.

1546   Montaigne deixa o Colégio de Guyenne. Nascimento do astrônomo dinamarquês Tycho Brahe, cujas observações retificativas dos dados obtidos por Copérnico permitirão ao astrônomo alemão Johannes Kepler (1571-1630), seu discípulo, enunciar as leis sobre o movimento dos planetas. Morte do téologo e reformador alemão Martinho Lutero.

1547   Morte de Francisco I; Henrique II sobe ao trono. Nascimento do escritor espanhol Miguel de Cervantes Saavedra, imortalizado pela obra *Dom Quixote de La Mancha*. Morte do conquistador espanhol do México Hernán Cortés.

1548   Nascimento do frade dominicano, teólogo, filósofo e escritor italiano Giordano Bruno, condenado à morte na fogueira pela Inquisição romana por heresia, em 1600.

1551   Com o aval de Henrique II, Ramus ensina gramática, retórica, aritmética e geometria no Collège de France.

1553   Morte do padre e médico francês François Rabelais, modelo perfeito dos humanistas da Renascença. O poeta francês Joachim du Bellay publica *Les Antiquités de Rome* [Antiguidades de Roma]; seu encontro, em 1547, com Pierre de Ronsard (1524-1585) — outro poeta francês importante do século XVI — esteve na origem da formação do grupo de poetas conhecido como Pléiade, para o qual Du Bellay redigiu, em 1549, o manifesto *Défense et illustration de la langue française* [Defesa e ilustração da língua francesa].

1554 Pierre Eyquem de Montaigne torna-se prefeito de Bordéus.

1555 Carlos V, herdeiro de três das principais dinastias europeias — a Casa de Habsburgo da Monarquia de Habsburgo, a Casa de Valois-Borgonha dos Países Baixos Borgonheses, além da Casa de Trastâmara das coroas de Aragão e Castela, reunindo um império imenso em que, segundo se dizia, "o sol jamais se punha" —, assina a Paz de Augsburgo, documento que reconhece a liberdade de consciência para os luteranos. O imperador abdica e retira-se para um mosteiro.

1556 Morte de Inácio de Loyola.

1557-70 Michel de Montaigne é magistrado no Tribunal de Contas de Périgueux (durante um ano) e, em seguida, conselheiro na Câmara dos Inquéritos do Parlamento — no *ancien régime*, instituição judiciária — de Bordéus.

1558 No exercício dessas funções, Montaigne trava conhecimento com Étienne de La Boétie, que haverá de se tornar seu amigo íntimo. Morte de Carlos V.

1559 Com a morte de Henrique II, Carlos IX sobe ao trono. Jacques Amyot traduz *Vidas paralelas*, de Plutarco. Montaigne acompanha o rei em suas visitas a Rouen e Blois.

1560 Processo de Martin Guerre, que, no período de seu desaparecimento (que durou dez anos), havia sido "substituído" junto à esposa por um impostor (Arnaud du Thil).

1561 Nascimento do político, filósofo e ensaísta inglês Francis Bacon, considerado o fundador da ciência moderna. Nascimento do poeta e dramaturgo espanhol Luis de Góngora y Argote, um dos expoentes da literatura barroca do Siglo de Oro.

1562 Publicação, em 17 de janeiro, de um edito conhecido como "Edito de Janeiro" ou Edito de Tolerância de Saint-Germain, que confere aos protestantes o direito de reunião para o culto, reconhecendo-lhes a liberdade de consciência. Em 12 de junho, Montaigne faz profissão de fé católica diante do parlamento de Paris; em outubro, na cidade portuária de Rouen, acompanhando Carlos IX, então uma criança de doze anos, tem oportunidade de encontrar e conversar com índios oriundos do Brasil, que lhe inspirarão o texto "Dos canibais" (*Ensaios*, 1, XXXI, pp. 256-266).[2] Ramus torna-se calvinista.

---

2. "Conversei longamente com um deles [...]." Questionados sobre o que pensavam a respeito da cidade, eles responderam "que lhes parecia muito estranho que tão grande número de homens adultos e com barba, robustos e armados [...] aceitassem obedecer a uma criança, em vez de escolherem um chefe entre eles. Em segundo lugar, observaram que existiam entre nós homens repletos de toda espécie de regalias e que suas metades — eles têm tal jeito de linguagem que chamam os homens de 'metades' uns dos outros — estavam mendigando às portas dos outros [...], em vez de agarrá-los pela gola da camisa e atearem fogo em seus palacetes" (José Alexandrino de Souza Filho, "A utopia tupi, segundo Montaigne", *MOBUS — Utopia e Renascimento*, Campinas, n. 6, 2009, p. 121).

De acordo com José A. de Souza Filho, "não apenas a conversação foi inventada quanto o próprio local em que ela teria supostamente acontecido não correspondem à realidade histórica. Na verdade, Montaigne alterou o local dos fatos, pois houve, de fato, um encontro envolvendo os personagens citados. Mas ele aconteceu em Bordéus, cidade do escritor,

1563	Morte, em 18 de agosto, de Étienne de La Boétie, aos 33 anos. Encerramento do Concílio de Trento, início da Contrarreforma.
1564	Morte de Calvino. Nascimento do físico, matemático, astrônomo e filósofo italiano Galileu Galilei.
1565	Em 23 de setembro, Montaigne contrai núpcias com Françoise de La Chassaigne, de quem terá seis filhas, tendo sobrevivido apenas Léonor (nascida em 1571); as outras morrem em tenra idade.
1568	Morte de Pierre Eyquem; por vontade do pai, Montaigne é o herdeiro universal dos bens dos Eyquem e toma posse do castelo familiar. Nascimento do filósofo renascentista italiano, além de poeta, teólogo e frade dominicano, Tommaso Campanella.
1569	Publicação da tradução para o francês — que Montaigne elabora por recomendação do pai[3] — de *Scientia libri creaturarum siue libri naturæ et scientia de homine* [Ciência do Livro das criaturas ou do Livro da natureza e Ciência do homem] ou *Theologia naturalis* [Teologia natural], de Raymond Sebond.[4] Em estado de sítio, Bordéus ressente-se da escassez de víveres.

---

em 1565, durante a entrada real de Charles IX, e não, como Montaigne afirma, em Rouen, em 1562" (ibidem, pp. 119-121). [N.T.]

3. "Dias antes de morrer, tendo meu pai por acaso encontrado o livro [de Raymond Sebond] sob um monte de papéis abandonados, pediu-me que o vertesse para o francês" (2, XII — "Apologia de Raimond Sebond" —, p. 174). [N.T.]

4. Teólogo catalão natural de Barcelona, falecido em 1432, em Toulouse, cidade em que exercia a medicina.

1569-70 O parlamento de Bordéus obstina-se contra os protestantes, ou supostamente considerados como tais, e pronuncia mais de um milhar de condenações.

1570 Em julho, Montaigne cede o posto de conselheiro do rei ao amigo, aluno de Ramus, contrarreformador e historiador Florimond de Raemond (1540-1601). Em 10 de setembro, ele envia uma carta para a esposa a fim de consolá-la pela perda da primeira filha de ambos, Toinette, falecida aos dois meses; com esse texto, encaminha a *Carta de consolação de Plutarco à sua mulher*, traduzida por La Boétie.

1571 Montaigne viaja a Paris para a publicação de *Théologie naturelle*, de Sebond, e do lançamento póstumo dos escritos de La Boétie, entre os quais se encontra a tradução de *Ménagerie de Xénophon* [Administração da casa de Xenofonte] e de *Règles de mariage* [Regras do casamento], de Plutarco, assim como de suas *poesias latinas*.

Em sua biblioteca, a inscrição solene, em latim[5], da decisão de se aposentar: "No ano do Cristo de 1571, com a idade de 38 anos, nas vésperas das calendas de março, aniversário de seu nascimento, Michel de Montaigne, há

---

5. "An. Christi 1571 aet. 38, pridie cal. mart., die suo natali, Mich. Montanus, servitii aulici et munerum publicorum jamdudum pertaesus, dum se integer in doctarum virginum recessit sinus, ubi quietus et omnium securus (quan)tillum in tandem superabit decursi multa jam plus parte spatii: si modo fata duint exigat istas sedes et dulces latebras, avitasque, libertati suae, tranquillitatique, et otio consecravit."

Cf. Rafael M. Viegas, "No seio das doutas virgens: Análise pastoral de um texto preambular de Montaigne", *Anamorfose — Revista de Estudos Modernos*, vol. 1, n. 1, pp. 60-85, 2013. [N.T.]

muito tempo enfarado com a servidão à corte de justiça e aos cargos públicos, usufruindo ainda de plena energia, retirou-se para o seio das doutas virgens, no qual viverá em repouso e ao abrigo das preocupações os dias que lhe restam a percorrer desta vida, já em grande parte vivida. Esperando que o destino lhe permita terminar esta habitação, ele consagrou esses agradáveis refúgios dos antepassados a sua liberdade, a sua tranquilidade e ao seu lazer."

Em 18 de outubro, Montaigne é admitido na Ordem de Saint-Michel, por indicação de Carlos IX; o colar dessa condecoração lhe é entregue por Germain-Gaston de Foix (1508--1591) — fundador da Sainte Ligue (Santa Liga, partido católico) na Aquitânia, o qual, no entanto, sem abandonar suas convicções religiosas, esforça-se por alcançar a paz com os protestantes.

1572   Massacre da "Noite de São Bartolomeu", nas primeiras horas da madrugada de 24 de agosto, dia de São Bartolomeu. Os *Ensaios* não fazem a mínima referência a tal evento — trata-se de uma desforra contra o Edito de Tolerância de Saint-Germain (de 1562): por instigação de sua mãe, a católica Catarina de Médici, e da família Guise — poderosa família ducal católica francesa que exerceu considerável influência ao longo do século XVI —, o rei Carlos IX coordena o assassinato dos líderes huguenotes[6], inicialmente em Paris;

---

6. Denominação que na França, nos séculos XVI e XVII, os católicos atribuíam aos protestantes, especialmente aos calvinistas; cf. "Montaigne,

os massacres espalham-se, durante vários meses, por outras cidades francesas, causando mais de 10 mil mortos. Henrique, rei de Navarra, chefe da dinastia dos partidários da Reforma, e o príncipe de Condé — que ocupava o topo hierárquico da aristocracia francesa, tendo sido um general empreendedor da causa protestante — conseguem escapar à matança. Morte de Ramus.

1573   Montaigne é nomeado camarista ordinário do rei.

1574   Publicação parcial de *Discours sur la servitude volontaire* [Discurso sobre a servidão voluntária], de La Boétie, no jornal calvinista *Réveil--Matin des Français*. Morte de Carlos IX; Henrique III sobe ao trono. Montaigne combate em nome do rei, em Poitou — região entre as bacias parisiense e aquitânica —, como voluntário do exército do duque de Montpensier.

1575   Leitura de *Hipotiposes pirrônicas*, do médico e filósofo grego Sexto Empírico (que viveu entre os séculos II e III d.C.), na tradução latina de Henri Estienne, publicada em Paris em 1562.[7]

1576   Publicação da versão completa de *Discours*, de La Boétie, sob o título "Contr'un" [Contra

---

vida e obra", in Michel de Montaigne, *Ensaios*, vol. I, trad. Sérgio Milliet, 4ª ed., São Paulo, Nova Cultural, col. "Os pensadores", 1987, p. X. [N.T.]

7. Nessa obra, o ceticismo é definido como "a faculdade de estabelecer a oposição, de todas as maneiras possíveis, entre os fenômenos e os números; e, pelo equilíbrio das coisas (*isostenía*) e das razões opostas (*diaphonia*), começamos pela suspensão do juízo (*epokhé*) e chegamos, posteriormente, à indiferença (*ataraxia*)". Cf. Jaimir Conte, *Montaigne e o ceticismo*, UFRN, 2008, p. 70. [N.T.]

um], incluído na obra *Mémoires de l'Etat de France sous Charles IX* [Memórias do estado da França sob Carlos IX]. Cunhagem de peças de metal com as divisas de Montaigne: "Je m'abstiens" [Abstenho-me] e "Que sçay-je?" [Que sei eu?][8]; na outra face dessas medalhas, figura seu nome, com a data (1576), sua idade (42 anos) e suas armas rodeadas pelo colar da Ordem de Saint-Michel. Fundação da Sainte Ligue [católica] por Henrique de Guise (1550--1588; assassinado por ordem de Henrique III), cognominado o "Balafré" [com cicatriz no rosto]. Morte do médico averroísta Jérôme Cardan.

1577 Primeira edição separada do texto "Contr'un", apresentado sob o título "Vive Description de la tyrannie" [Descrição vívida da tirania]; o verdadeiro título é "Discours sur la servitude volontaire", de La Boétie; aliás, o nome do autor é revelado por Montaigne em seus *Ensaios*. Jean Bodin (1530-1596), jurista e professor de Direito em Toulouse, publica sua obra *Les Six Livres de la République* [Os seis livros da República], em que trata, pela primeira vez, de forma sistematizada, do tema da soberania; por isso, é considerado o pai da Ciência Política.

---

8. "É a minha divisa e a acompanho de uma balança" (2, XII, p. 248), que, pesando as contradições, se encontrava com pratos horizontais em perfeito equilíbrio, enquanto símbolo da suspensão cética do juízo. A fórmula interrogativa parece expressar mais coerentemente a dúvida pirrônica — do filósofo grego Pirro de Élis (365-275 a.C.); com efeito, se dissesse "Nada sei", estaria afirmando algo. Cf. *Les Essais*, Livro 2, trad. em francês moderno do texto da edição de 1595 por Guy de Pernon, p. 253, nota 3. Disponível em: <http://epicurienhedoniste.blogspot.com.br/2012/07/montaigne-les-essais.html>. [N.T.]

1579 Sentença do parlamento de Bordéus mediante a qual a obra *Mémoires de l'Etat de France* (cujo terceiro volume incluía o *Discours de la servitude volontaire*) é condenada à fogueira.

1580 Publicação dos *Ensaios* em dois volumes (sem o *Discours de la servitude volontaire*, de La Boétie), pelo editor Simon Millanges, em Bordéus. Em 22 de junho, Montaigne deixa o castelo para uma viagem de dezoito meses à Itália, durante a qual tem a oportunidade de encontrar o papa Gregório XIII, passando pela Suíça e pela Alemanha. Um exemplar dos *Ensaios* é entregue a Henrique III. O poeta italiano Torquato Tasso publica *Jerusalém libertada*.

1581 Em Roma, Sisto Fabri, em nome do Vaticano, procede à análise da primeira edição dos *Ensaios* e critica o uso "demasiado irreverente" da palavra *fortune*[9]; Montaigne é nomeado prefeito de Bordéus com o apoio de Henrique III, que lhe envia uma carta, com a data de 26 de novembro, para incentivá-lo a aceitar tal encargo; a irmã do rei, Margarida de Valois, conhecida como Rainha Margot — que tinha casado, em 1572, com o jovem líder do partido protestante Henrique de Bourbon, rei de Navarra —, exerce também sua influência nesse sentido.

1582 Segunda edição dos *Ensaios* pelo mesmo editor, mas em um só volume; texto corrigido por Montaigne durante a viagem à Itália. O papa Gregório XIII reforma o calendário.

---

9. Termo polissêmico: acaso, sorte, destino, infortúnio, felicidade, natureza, riqueza (cf. 1, LVI, p. 347). [N.T.]

1583 No dia 1º de agosto, Montaigne é reeleito prefeito de Bordéus.

1584 Em dezembro, Montaigne recebe Henrique, rei de Navarra, em seu castelo.

1585 Em 16 de janeiro, a Sainte Ligue, dirigida pelos irmãos Guise e apoiada pelo rei de Espanha, Filipe II (1556-1598), contesta publicamente a pretensão do protestante Henrique de Navarra ao trono da França.

A peste obriga Montaigne e seus familiares a abandonar o castelo; apesar do apelo dos *jurats*, magistrados municipais de Bordéus, ele não retorna para assistir à nomeação de seu sucessor.

1587 Em 20 de outubro, Henrique de Navarra derrota o exército do rei na batalha de Coutras (perto de Libourne, comuna a leste de Bordéus). Publicação dos *Ensaios*, em Paris, pelo editor Jean Richer.

1588 Em 12 de maio, levante popular em Paris (Journée des Barricades [Dia das Barricadas]) contra a realeza e em favor dos Guise; o rei, Henrique III, refugia-se em Chartres. Em junho, publicação dos *Ensaios* pelo editor parisiense Abel l'Angelier — sem menção aos encargos e títulos honoríficos do autor, que se apresenta como "Michel, *seigneur* de Montaigne" —, com a adição de um terceiro livro; trata-se da última edição publicada com o autor em vida. Em 10 de julho, Montaigne é preso na Bastilha; como justificativa para semelhante decisão, mandam dizer-lhe que se trata de "represália" e por "solicitação do duque de Elbeuf", porque um fidalgo da Normandia, membro da Ligue, foi feito prisioneiro por ordem do rei; Montaigne é solto no fim da tarde desse mesmo dia, graças à intervenção de Catarina de Médici. Em 23 de dezembro, assassinato, por ordem de Henrique III, do duque e do cardeal de Guise. Montaigne trava conhecimento, em Paris, com a poeta e moralista srta. Marie de Gournay. Publicação da obra *De Concordia*, do jesuíta, teólogo e jurista espanhol Luis de Molina (1535-1600). Nascimento do matemático, teórico político e filósofo inglês Thomas Hobbes, autor de *Do cidadão* (1642) e de *Leviatã* (1651). Nascimento do matemático, teólogo e filósofo francês Marin Mersenne, considerado o verdadeiro secretário da Europa erudita e científica da época, correspondendo-se com os maiores cientistas seus contemporâneos — tais como Descartes, Galileu, Fermat, Pascal e Torricelli —, além de organizar encontros entre eles.

1588-92　Durante esses quatro anos, Montaigne enriquece seus exemplares pessoais, publicados em 1588, com um milhar de adendos, à margem das páginas, em previsão de uma nova edição. Um deles é conservado na Biblioteca Municipal de Bordéus, é o "exemplar de Bordéus".

1589　Assassinato de Henrique III, no dia 1º de agosto, depois de ter designado Henrique de Navarra como seu sucessor. Morte do humanista e teólogo da Universidade de Louvain Michel de Bay — conhecido pelo nome latinizado, Baius —, precursor do jansenismo.[10]

---

10. Doutrina de Jansênio (1585-1638), rigorista do ponto de vista moral, sobre a graça e a predestinação, segundo a qual a graça divina não é dada a todos os homens. [N.T.]

1590   Em 27 de maio, casamento de Léonor, filha de Montaigne, com François de La Tour.

1591   Morte do místico e frade carmelita espanhol São João da Cruz.

1592   Em 13 de setembro, durante a celebração da missa, Montaigne morre em seu castelo.

1593   No dia 1º de maio, o corpo de Montaigne é transportado para o convento dos "Feuillants" — membros de uma ordem monástica beneditina que obedeciam a uma regra de Cister mais austera — em Bordéus (seu cenotáfio encontra-se atualmente no vestíbulo da entrada da antiga Faculdade de Letras de Bordéus). Henrique de Navarra, que se tornou rei da França sob o cognome de Henrique IV, abjura o calvinismo.

1594   Pithou, Rapin, Passerat e Leroy publicam, em companhia de outros colaboradores, a *Satire Ménippée* [Sátira menipeia], panfleto contra a Sainte Ligue.

1595   Edição dos *Ensaios* por Marie de Gournay, a partir de um exemplar também copiosamente anotado por Montaigne e guardado pela família; essa edição prevalecerá até o século XVIII, antes que o "exemplar de Bordéus" se imponha como se fosse *de* Montaigne.

1596   Nascimento de Descartes.

1598   Em 13 de abril, Henrique IV assina o Edito de Nantes, mediante o qual fica estipulado que a confissão católica permanece a religião oficial do Estado, mas é oferecida agora a liberdade aos calvinistas franceses para praticar o próprio culto.

1603	Primeira tradução inglesa dos *Ensaios*, por John Florio.
1676	Em 12 de junho, a obra *Ensaios* é incluída no Índice dos livros proibidos.
1770	Descoberta do manuscrito de *Journal de voyage* [Diário de viagem], de Montaigne, por um historiador do Périgord e prior da Abadia de Chancelade (1770-1780) Joseph Prunis.[11]
1774	A edição original de *Journal de voyage en Italie en 1580 & 1581*, de Montaigne, é publicada pelo editor Meusnier de Querlon.
1885	Um incêndio destrói grande parte do castelo dos Eyquem, deixando apenas as muralhas e as duas torres, uma das quais abriga a *librairie* [biblioteca, no século XVI] que havia sido objeto de tamanha afeição por parte de Montaigne.

---

11. Cf. Pierre Moreau, "O homem e a obra", in *Ensaios*, vol. I, 2ª ed., Brasília, UnB/Hucitec, 1987, pp. 19-23. [N.T.]

Introdução

> *Endireitar a própria vida graças a uma sabedoria é tão impossível quanto forjar o ferro a frio.*
>
> L. Wittgenstein, *Remarques mêlées* [*Vermischte Bemerkungen* (Observações dispersas)], trad. Gérad Granel, Paris, TER, 1984, p. 65

Montaigne viveu em um período conturbado; nomeadamente, entre 1562 e 1594, é possível contar nada menos que oito guerras civis[1], nas quais a religião desempenhou um papel predominante, para não dizer exclusivo. Desde os "distúrbios iniciais" relacionados com o cerco de Rouen até os motins empreendidos pela Ligue do duque de Guise, algo semelhante a "uma morte pública" é orquestrado durante um período de mais de trinta anos. Montaigne teve o mérito inestimável de manter-se alheio aos partidos tanto do duque ultracatólico quanto do rei de Navarra, huguenote e futuro Henrique IV; ao mesmo tempo, estava

---

1. Para uma análise mais detalhada dessas guerras — e das referências existentes a esse respeito nos *Ensaios* —, consultar o livro de Géralde Nakam *Montaigne et son temps*, Paris, Gallimard, col. "Tel", 1993, pp. 163-211, em particular pp. 193-194.

a serviço do catolicíssimo rei Henrique III, e mantinha um bom relacionamento com todas essas facções. Seu "tão bom pai" (1, XXVI, p. 236; 1, XXVIII, p. 244; 3, X, p. 305; 3, XIII, p. 375), Pierre Eyquem — nome que não é adotado por Michel, aliás, o primeiro membro da família a tomar tal atitude —, homem da incipiente Renascença, escolheu para o filho um preceptor alemão, Horstanus, que não falava o idioma francês. Tal decisão implicou que Michel de Montaigne aprendeu o latim como língua ao mesmo tempo materna e dominante; além disso, Roma foi considerada, durante muito tempo, uma cidade muito mais familiar para ele do que Bordéus. De acordo com a instrução paterna, dada sob a forma de "regra inviolável" (1, XXVI, p. 235), a única forma de dirigir-se à criança era em latim: a mãe, o pai, assim como o "criado" e a "camareira" deveriam "entender-se" com ele nessa língua. Mais tarde, no Colégio de Guyenne, Montaigne começou a tomar gosto pela poesia latina, nomeadamente pelas *Metamorfoses*, de Ovídio (ibidem, p. 237). No período que vai de 1548 a 1556, entre seus 15 e 23 anos, não dispomos de informações sobre sua formação: teria frequentado a faculdade de Direito em Toulouse? Ou teria ido bem depressa para Paris, aliás, cidade que é a única razão para sentir-se "francês" (3, IX, p. 280; III, 9, 972 B[2])?

Subsistem também dúvidas sobre as origens judaicas da mãe de Montaigne, Antoinette de Louppes: "O nome é provavelmente o de judeus espanhóis, os Lopez, rechaçados pelas perseguições que acabaram por se instalar em grande número no Sudoeste [da França] e para quem

---

2. Como indicado na "Nota do tradutor" preliminar, é mantida a referência do original por incluir uma letra: trata-se da edição dos *Ensaios* preparada por Villey-Saulnier, Paris, PUF, col. "Quadrige", 3ª ed., 2004. [N.T.]

Bordéus se tornou em terra de asilo."³ Montaigne afirma ter nascido e desejar morrer no seio da "Igreja Católica, Apostólica e Romana" (1, LVI, p. 342).

É ainda por iniciativa desse bom pai que Montaigne faz sua iniciação à cultura humanista, porque Pierre Eyquem está "animado por esse novo entusiasmo com o qual o rei Francisco I incrementou as letras" (2, XII, p. 173); na esteira do pai, ele mantém a casa aberta "às pessoas de ciência" (ibidem). Oriundo certamente dessa cultura do século XVI, Montaigne participa de tal corrente à semelhança de Erasmo[4] e de Rabelais[5], mas à sua maneira. Erasmo é enaltecido pelo que poderia ter dito pessoalmente a Montaigne se ambos tivessem vivido na mesma época, ou seja, uma forma de enfatizar a importância da conversação familiar e do aforismo. Montaigne denuncia qualquer tipo de "pedantismo" associado à aquisição das ciências e das artes; ele pretende manter distância das sutilezas retóricas para aprimorar outra

3. Albert Thibaudet, *Montaigne*, Paris, Gallimard, 1963, p. 18. [A esse respeito, consultar o comentário do professor universitário português Alfredo Margarido em "A mãe judia (portuguesa) de Michel de Montaigne ou o carácter implacável do antissemitismo francês?", *Campus Social — Revista Lusófona de Ciências Sociais*, n. 1, 2004. Disponível em: <http://revistas.ulusofona.pt/index.php/campussocial/article/view/183/95>. (N.T.)]

4. Erasmo, em latim, Desiderius Erasmus Roterodamus (1467-1536), humanista holandês que contribuiu para a difusão da cultura greco-latina na Europa do Norte; autor de *Elogio da loucura* (em grego, *Morías enkómion*, e, em latim, *Stultitiæ laus*, obra escrita em 1509, publicada em 1511 e dedicada ao amigo Sir Thomas More), de um tratado sobre educação (*De Pueris statim ac liberaliter instituendis*, 1529) que se distancia da retórica ciceroniana e de *Chiliades* (Milhares), título sob o qual foi publicada sua compilação de adágios latinos comentados e coletados por séries de mil (a primeira edição, de 1500, contém 818 adágios, número que se elevará a 4.151 na edição de 1536).

5. François Rabelais (1494-1553), padre e médico francês, autor de vários volumes da *Vida inestimável do grande Gargântua, pai de Pantagruel* (1532, 1546 e 1548), faz parte desse movimento que engrandece o idioma francês falado.

forma de exprimir-se que seja menos um modo de falar corretamente que um discurso "ingênuo", que possa pintá-lo ao natural, sem limites nem pretensão de considerar o assunto encerrado.

Tal postura não o impede de servir-se de figuras de estilo compartilhadas amplamente no século XVI, tais como o paradoxo — palavra, aliás, que usa como adjetivo, referindo-se ao "discurso paradoxal" (3, V, p. 210; III, 5, 875 B). Ele rejeita os pré-requisitos elaborados a partir de "princípios e pressupostos" da lógica estoica, os inícios de discurso pelas definições aristotélicas — não é que se sabe o que é um "homem" muito para além de ser um "animal dotado de razão"? (cf. 3, XIII, p. 352). Além disso, diverte-se em fornecer caracterizações que, à primeira vista, são desconcertantes, como a tentativa de dar definições que parecem ser oximoros: assim, afirmará que o que há de constante é a variedade; que a própria imobilidade não passa de um "movimento menos acentuado" (3, II, p. 152). O paradoxo prolonga-se nos exemplos: as coisas aparentemente, para nós, mais estáveis — "a terra, as montanhas do Cáucaso, as pirâmides do Egito" (ibidem) — são impelidas por um "movimento perene". E o que dizer do resto?

Nomeado para o parlamento de Bordéus, Montaigne não dirá quase nada dessa experiência jurídica; ele fornecerá suas reflexões sobre a justiça e o direito, mas sem relatar o cotidiano do que vive e viveu. Como sublinha Albert Thibaudet (*Montaigne*, p. 22), os *Ensaios* não são memórias.

Nesse mesmo parlamento, ele trava conhecimento com La Boétie[6], que irá se tornar seu amigo predileto e cuja

---

6. Étienne de La Boétie (1530-1563), conselheiro no parlamento de Bordéus, tradutor e ensaísta, autor de sonetos e do *Discours sur la servitude volontaire*. A lembrança dessa amizade percorre o conjunto dos *Ensaios*, nomeadamente 1, XXVIII — "Da amizade" —, pp. 242-252.

perda constituiu a mola propulsora para escrever os *Ensaios*; mais ainda, essa obra tornou-se o substituto do amigo, enquanto seu casamento funcionou como a distração para não soçobrar na melancolia do luto. Na mesma época, o pai de Montaigne recomenda-lhe a elaboração da tradução do livro *A teologia natural ou o livro das criaturas* (1436), de Sebond, texto em que o autor defende a tese segundo a qual as verdades do cristianismo são acessíveis à razão humana. Ao reservar um lugar importante, no Livro 2 dos *Ensaios*, às questões teológicas, Montaigne consegue um efeito duplo: inscreve tais questões no contexto geral da cultura no momento em que elas haviam sido confinadas, até então, ao domínio da teologia; e, sobretudo, consegue abordá-las a partir de pressupostos antropológicos.

É difícil proceder à dissociação entre a digressão da mente e a caminhada em geral: Montaigne aprecia andar e teria desejado construir galerias a partir de sua biblioteca para percorrer, em complemento de suas leituras, os espaços adjacentes a sua *librairie*, cujas vigas estão cobertas com inscrições tomadas de empréstimo tanto ao livro bíblico Eclesiastes quanto a autores greco-latinos[7], sem contar as placas de metal em que estão gravadas as divisas "Je m'abstiens" [Abstenho-me] e "Que sçay-je?" [Que sei eu?]. Todos esses elementos constituem como que uma série de salvaguardas ou de expressões suscetíveis de serem esquadrinhadas pelo olhar de Montaigne, servindo de inspiração ao eu do pensador:

---

7. O número das máximas identificadas eleva-se a 66 (30 gregas e 36 latinas), às quais convém acrescentar nove apenas localizadas, cf. <http://www.amisdemontaigne.fr/spip.php?article30>. Ver também "Sentences peintes de la bibliothèque de Montaigne", ed. revisada e aumentada por Alain Legros, Bibliothèques Virtuelles Humanistes, 5 jan. 2015. Disponível em: <http://www.bvh.univ-tours.fr/MONLOE/Inscriptions.asp>. [N.T.]

Não me encontro onde me procuro; e me descubro mais por acaso que pelo exercício de meu juízo (1, X, p. 126).

A razão começa, desse modo, a construir, "a forjar", por ser incapaz de dizer o que é ou de afirmar aquilo em que acredita:

Dou sempre o nome de "razão" a essa aparência de juízo que cada um forja em si mesmo (2, XII, p. 278).

Construir, portanto, de preferência a ser ou acreditar: em nossa escala, o único procedimento humano é a construção; por sua vez, o ser não está em comunicação conosco e, nessa época, a crença é realmente conturbada, deixando a consciência diante da extrema dificuldade para assumir sua própria responsabilidade.

Ainda em vida do autor, os *Ensaios* tiveram quatro edições: as três iniciais dizem respeito aos Livros 1 e 2, enquanto a quarta (em 1588) compreende, além desses dois, um terceiro livro.[8] Montaigne acrescenta "seiscentos acréscimos aos Livros 1 e 2", continuando a forjar seus "contos", de acordo com um empreendimento incompleto por natureza, tendo a possibilidade de ser prolongado enquanto houver "tinta e papel" para culminar em um "*allongeail*" [adendo]: o Livro 3 dos *Ensaios*. Considerando que o homem de idade avançada não tem tendência a proceder a emendas e que, às vezes, nosso entendimento pode andar às arrecuas, Montaigne abster--se-á de fazer qualquer correção: "Amplio [meu retrato], não o corrijo" (3, IX, p. 271).

---

8. Cf. Maurice Weiler, "Para conhecer o pensamento de Montaigne", in *Ensaios*, vol. III, 2ª ed., Brasília, UnB/Hucitec, 1987, pp. 20-28. [N.T.]

De início bem curtos — nomeadamente no Livro 1 —, os *Ensaios* tornaram-se cada vez mais longos. Eis a explicação de Montaigne:

> A princípio, eu desdobrava os capítulos, mas pareceu-me que desse modo interrompia a atenção antes mesmo de despertá-la, além de dissolvê-la por desdenhar contentar-se com tão pouco e concentrar-se aí; por isso, comecei a fazer capítulos mais amplos, o que requer do leitor a vontade de ler realmente e de destinar algum tempo à leitura (3, IX, p. 299).

Mas "a vontade de ler realmente" e "o tempo dedicado à leitura" não hão de servir, de modo algum, de explicação, nem de justificativa; Montaigne continuará a elaborar ensaios, ou seja, textos fragmentários em que a esquiva e a sugestão em torno da pintura do eu constituem a regra.

Além do eu, existe o meu. Se o eu de Montaigne é o "tema" e o "argumento" dos *Ensaios*, o "meu" é aquilo de que esse eu se apropria e "deforma":

> [...] entre o grande número de empréstimos, agrada-me poder mascarar alguns que vou deformar de acordo com o emprego que lhes dou. Mesmo correndo o risco de ouvir dizer que não apreendi o sentido exato deles, empresto-lhes uma forma particular e pessoal, de modo que o plágio seja menos visível (3, XII, p. 343).

As 1.300 citações dos *Ensaios* são o expediente mediante o qual o autor se apoia nas leituras não só para falar de si mesmo, mas também para construir sua própria imagem:

Fez-me o meu livro, mais do que eu o fiz, livro consubstancial ao autor; é estudo de mim mesmo e parte integrante de minha vida (2, XVIII, p. 356).

Montaigne é um Pigmalião que dá vida à própria obra — os *Ensaios* — qual "filho natural" de quem já não "dispõe", além de saber "muitas coisas" que Montaigne "já não sabe" (2, VIII, pp. 149-150). O terceiro livro, como já foi indicado, é um "adendo" aos outros dois; ele vai deixá-lo elaborar-se com o cuidado semelhante àquele que "o homem tem de prolongar sua existência" (2, XII, p. 267; II, 12, 553 C).

Os *Ensaios* serão lidos, por sua vez, de acordo com o princípio de apropriação que acaba esquecendo o "autor" e seu "crédito" para "saborear as coisas por si mesmas". Desde Descartes até Rousseau, passando por Pascal em relação aos clássicos, e desde Gide até Lévi-Strauss, passando por Zweig para fazer referência aos contemporâneos, os *Ensaios* projetam-se na subjetividade filosófica ou literária para aparecer ora como rapsódia fútil e perigosa dedicada à glória do eu (Malebranche, Pascal, Port-Royal), ora como método etnológico e comparativo que nos isenta da busca das essências (Lévi-Strauss), ou como o livro seja de um homem completamente retirado do mundo (Gide), seja de um compromisso de liberdade na Terra para além de si mesmo (Zweig), sem esquecer a celebração da alegria do eterno retorno (Nietzsche), de quem afirma que "se tivesse de voltar a viver, ele viveria como viveu" (3, II, p. 161).

Menção especial, no entanto, para Descartes e Rousseau na medida em que alguns trechos dos *Ensaios* foram para esses autores uma inspiração direta; trechos que, inclusive, eles chegaram a recopiar com ligeiras variantes e nas quais é possível verificar a verdadeira distância que estabelece a separação entre o filósofo respeitoso do que é particular e o filósofo que escora seus pensamentos no elemento da generalidade. O que pensar, então, das seguintes formulações? Ao apontar nossa reverência diante da razão, Montaigne diz: "O respeito [por essa faculdade], em virtude da qual nos consideramos donos e senhores das demais criaturas, não nos teria sido dado como objeto de tormento?" (1, XIV, p. 137). E, agora, a formulação de Descartes: "Somos como que senhores e possessores da natureza." Ao contornar esse sentido, sem deixar de retomar a expressão, Descartes assinala que temos os meios de "nos tornarmos como que senhores e possessores da natureza".[9] Esta toma o lugar da criatura: a razão, de acordo com Descartes, tem uma maior extensão em seu objeto. A ressalva de Montaigne está na questão formulada, enquanto a de Descartes encontra-se no "como que".

Quanto ao parentesco entre Montaigne e Rousseau, ele incide sobre a ideia de natureza: "A natureza pôs-nos neste mundo, livres de quaisquer compromissos, e nós nos confinamos dentro de estreitos limites [...]" (3, IX, p. 280). Rousseau, por sua vez, afirma: "O homem nasceu livre, e em toda parte se encontra sob ferros."[10] De Montaigne a Rousseau, verifica-se a passagem da prudência epistêmica e cética — "dentro de estreitos limites" — para a generalização teórica — "em toda parte" —, mas a ideia e a expressão são praticamente as mesmas. Montaigne não escreve uma teoria do contrato social em

---

9. Descartes, *Le Discours de la méthode*, sixième partie, Paris, Vrin, p. 128 [ed. bras.: *Discurso do método*, sexta parte, 2ª ed., São Paulo, Martins Fontes, 2001, p. 69].
10. Rousseau, *Du Contrat social*, chapitre 1, Paris, GF, p. 46 [ed. bras.: *Do contrato social*, Livro 1, cap. 1. Disponível em: <http://www.dominiopublico.gov.br/download/texto/cv00014a.pdf >].

que é o destino de toda a humanidade que está em jogo, mas propõe uma descrição incompleta de determinadas condições do homem. Enfim, Ralph Waldo Emerson reconhece em Montaigne aquele que, detentor de "tal profusão de pensamentos"[11], foi capaz de mostrar o quanto nosso mundo estava saturado "de divindade e de lei" (ibidem, p. 188), reservando uma parte importante à sorte para evitar que as mentes ficassem sob a influência do Destino. A censura romana, sem ter proibido os *Ensaios*, manifestou-se surpreendida ao constatar, por um lado, o uso reduzido da palavra "providência" e, por outro, a recorrência do termo "sorte" [*fortune*].

Em seu livro *Essais sur les Essais* [Ensaios sobre os *Ensaios*], Michel Butor identificou numerosos elementos de estrutura e de correspondência entre os diferentes capítulos — uma suspensão a cada dezoito capítulos nos Livros 1 e 2; e outra, no Livro 3, após os seis capítulos iniciais —, além de uma valorização do número 3:

> É necessário lembrar a importância do número 3 nos *Ensaios*: as três boas mulheres, os três homens proeminentes e, enfim, os três livros.[12]

Acrescentemos ainda o destaque conferido, em numerosos trechos, à "terceira possibilidade": aquela que nos permite evitar os contrários que, muitas vezes, detêm uma força semelhante; aquela que nos leva a renunciar ao princípio do terceiro excluído quando estamos diante do geocentrismo, assim como das novas hipóteses

---

11. Ralph Waldo Emerson, *La Confiance en soi et autres essais*, trad. Monique Bégot, Paris, Rivages Poche, 2000, p. 174 [ed. port.: *A confiança em si, a natureza e outros ensaios*, Lisboa, Relógio D'Água, 2009]. Ralph W. Emerson (1803-1822), poeta e filósofo norte-americano, dedicou um ensaio a Montaigne: "Montaigne or the Skeptic", publicado em 1850.
12. Michel Butor, *Essais sur les Essais*, Paris, Gallimard, 1968, p. 174.

propostas por Copérnico; aquela, enfim, que nos permitiria escapar à oposição calamitosa entre a Reforma e a Contrarreforma. Sem ser completo sobre essa questão do número 3, o seguinte aditamento é, por sua vez, eloquente: existe, "no meio do Livro 1, o retrato de três irmãos de exílio: La Boétie no centro, rodeado por duas figuras simétricas, a de Montaigne e a do canibal" (Butor, op. cit., p. 64).

Ao reservar um amplo espaço a La Boétie nos *Ensaios*, cujo Livro 1 constituiria como que o "*tombeau*"[13] do amigo, Michel Butor sublinha a parte de "moldura" desempenhada por esse livro em relação ao texto *Discours de la servitude volontaire*, o qual nunca chegará a figurar nesse local; em seguida, a parte "estratégica" do Livro 2, cuja coluna principal é uma "apologia da apologia", ou seja, o expediente adotado por Montaigne para situar-se relativamente aos debates teológicos de sua época, sem que sua opinião seja perceptível; enfim, o Livro 3, "de aprofundamento e de descrição" (ibidem, p. 187) do mundo, no qual Montaigne ampliaria seu campo de visão e, em vez de tornar-se mais filósofo, acaba sendo menos gascão, menos bordalês, menos francês, inclusive menos romano — apesar da bula papal que lhe atribui tal título — e um pouco mais "compatriota" de todos os homens à maneira de Sócrates, figura bastante presente nos dois capítulos finais dos *Ensaios*.

As expressões em gascão, em bordalês e em francês devem ser, portanto, procuradas na primeira versão dos *Ensaios*, compreendendo os Livros 1 e 2. Tal versão, "que faz menos referências a sua pessoa, acaba de fato por ser mais expressiva nesse ponto. É aí que o verdadeiro

---

13. Na área literária e musical, esse termo significa a obra composta à memória de alguém, em testemunho de admiração; entretanto, sua acepção primeira corresponde a "túmulo". [N.T.]

Montaigne está na sua torre, o homem que anda à procura de si". [14] Até mesmo aqueles que, à semelhança de André Tournon[15], contestam as elucubrações de Butor, preferindo o reconhecimento de simples correlação entre alguns ensaios, admitem que no Livro 2 existe efetivamente uma estrutura do tipo "18 + 1 + 18", conferindo assim ao capítulo XIX desse livro — intitulado "Da liberdade de consciência" — o estatuto, simultaneamente, de um ápice e de uma singularidade: nesse texto, Montaigne faz a apologia do imperador romano Juliano, o Apóstata[16], por ter deixado a cada qual a liberdade de praticar a religião correspondente a seu desejo. Outro efeito de simetria é apresentado pelos capítulos XI e XXVII, ambos à mesma distância desse capítulo XIX sobre a liberdade de consciência, uma vez que os dois incidem sobre a crueldade: capítulo XI, "Da crueldade"; e capítulo XXVII, "A cobardia é a mãe da crueldade".

Ainda seria possível indicar certamente, no Livro 1, outras aritméticas relacionadas com o 3: por exemplo, o capítulo LIV (18 + 18 + 18) termina com a menção dos três *Ensaios* que não deveriam se dirigir às mentes vulgares, nem às inteligências superiores, mas que "poderiam ser aceitos por pessoas de mediana envergadura" (1, LIV, p. 340).

---

14. Stefan Zweig, *Montaigne*, trad. Jean-Jacques Lafaye e François Brugier, Paris, PUF, 1982 [ed. bras.: *Montaigne e a liberdade espiritual*, Rio de Janeiro, Zahar, 2014].
15. André Tournon, *Montaigne: la glose et l'essai*, ed. revista e precedida de uma reconsideração, Paris, Honoré Champion, Etudes montaignistes, n. 37, 2000.
16. Juliano, o Apóstata (331-363), sobrinho de Constantino e imperador romano de 361 a 363: ao renegar o cristianismo, religião na qual tinha sido criado — daí seu apelido —, proibiu o exercício do ensino pelos mestres cristãos, transformou o paganismo em religião do Estado e, debalde, tentou reconstruir o Templo de Jerusalém; deixou *Cartas* e textos filosóficos. Montaigne dedica-lhe, no Livro 2, o cap. XIX — "Da liberdade de consciência" —, evocado mais acima.

Nenhuma máxima de Aristóteles entre as inscrições votivas da *librairie* de Montaigne: o Estagirita procede à análise de todas as coisas, enquanto Montaigne contenta--se em experimentá-las e, em seguida, em contorná-las por esquiva. Algumas frases de autores gregos e latinos, numerosas máximas extraídas do Eclesiastes, como já indicamos, algumas adaptadas livremente, tal como a seguinte: "O objetivo do saber para o homem consiste em considerar como bom o que acontece; e em relação ao resto, manter-se sem preocupação", fórmula na qual aflora já o gosto pela "sorte", por aquilo que acontece de maneira não intencional, como que ao sabor de um encontro, e que assume a forma do fortuito e do acidental — fórmula à qual Montaigne pretende atribuir uma posição central em seus *Ensaios* no lugar do termo "Providência", aliás, utilizado em profusão nos textos dos teólogos.

A metáfora da tecelagem e da costura é recorrente nos *Ensaios*; trata-se de afirmar não só que a alma está costurada ao corpo de maneira insensível, mas também que a amizade que Montaigne alimentou por La Boétie era feita de uma costura imperceptível. "A costura de nossa ligação" (3, I, p. 142), ou, dito por outras palavras, o vínculo social que agrupa os indivíduos sob a mesma "ordem", no mesmo Estado, é em compensação mais sensível, mais aparente, pelo fato de derivar de "vícios" políticos que servem para a manutenção de nossa vida em sociedade, "como o veneno para a conservação de nossa saúde" (ibidem). De maneira geral, Montaigne "não aprecia os tecidos em que aparecem a trama e as costuras" (1, XVI, p. 234) porque seu discurso irá aparecer, muitas vezes, "fora de propósito" pelo fato de descuidar-se em sublinhar as transições, envolvendo-se frequentemente em um segundo argumento, de maneira insensível, sem ter concluído com nitidez o primeiro:

E eis-me, sem dar por isso, a discutir a segunda objeção que me proponho refutar em nome de Sebond (2, XII, p. 181).

Os poetas, ao realizarem sua obra por meio de "saltos e cabriolas", elaboram textos "descosidos", como é o caso dos *Ensaios*. Platão abriu o caminho, uma vez que ele não passa "de um poeta descosido" (2, XII, p. 255). Permanecer vigilante em relação a todas as ligações consiste em procurar apropriar-se de seu discurso no momento em que este escapa a qualquer controle. No capítulo sobre o ciúme, Montaigne mostra que essa doença da alma consiste em pretender possuir o que é, por natureza, rebelde a tal empreendimento, como o sentido de nossas expressões. Quem pode pretender possuí-lo?

Montaigne leva-nos a criar o hábito de fazer sempre distinções, a desconfiar das generalizações e sistematizações, em suma, das teorias; ele não é um doutrinador porque não tem de defender nenhuma doutrina, nem determinada máxima enquanto lição a ser dada. Seu "heraclitismo" está, no entanto, próximo da generalização, mesmo que seu objeto seja paradoxal: o movimento arrasta todas as coisas e, inclusive, a si mesmo. O ciclo natural de nascimento/crescimento/declínio — segundo o qual as doenças assim como os "reinos e repúblicas nascem, crescem e definham como nós" (2, XXIII, p. 368) — é onipresente. A propósito desse ciclo, ele dirá que se trata de uma "obra da natureza" que não é "fortuita" nem "dirigida por diversos senhores", e diz respeito não só a nosso corpo, seja físico, seja político, mas também "a todas as outras coisas", entre as quais convém levar em consideração "as crenças, os juízos e as opiniões dos homens" (2, XII, p. 286). As distinções estão subordinadas a essa regra geral da natureza porque Montaigne nunca conseguirá abandonar seu "mobilismo", para retomar o termo de Albert Thibaudet (*Montaigne*, p. 18).

Os demais capítulos deste livro apresentam um Montaigne preocupado pelas "dificuldades dos gramáticos", responsáveis, em seu entender, de um grande número de abusos no mundo. Por não chegar a uma certeza, é possível ser preciso nos detalhes, nos fatos e no uso das palavras, a fim de fornecer menos opiniões do que conversações informais (capítulo I), tendo em conta que a conversa ou o diálogo com o amigo continua sendo uma forma que o ensaio poderia ter assumido se La Boétie não tivesse falecido prematuramente. Montaigne tenta evitar o contratempo, a oscilação entre os extremos, e leva em consideração o uso das coisas — uso decorrente da dignidade da aparência das mesmas — como o próprio campo de investigação do homem (capítulo II). Montaigne não nos propõe uma filosofia do intelecto precisamente porque a inteligência, demasiado veemente por sua natureza, nos impele para fora de nós e, incessantemente, tem necessidade do eu para contê-la por meio de barreiras que a protegem do acaso (capítulo III). Estabelecer a distinção entre o eu e a consciência; com efeito, a consciência da razão e da mente é o trabalho lógico de Montaigne (capítulo IV) que consiste em um "inventário das diferenças".[17]

Essa lógica apazigua as relações humanas e a relação a si mesmo na medida em que evita os erros de classificação por categorias[18]: as opiniões relativas à religião são contraditórias; assim, é importante separá-las

---

17. Título atribuído pelo historiador Paul Veyne a sua aula inaugural no Collège de France ("Inventaire des différences", 1975).
18. "É impossível julgar se o conhecimento não estiver organizado em categorias", in Ludwig Wittgenstein, *Remarques mêlées*, trad. Gérard Granel, TER, 1984, p. 163.

escrupulosamente da fé (capítulo V). As leis existem para pacificar as relações humanas e não para nos dilacerarmo-nos a respeito de seu caráter correto ou errado; em última análise, elas têm a ver com a civilidade, cujo modelo é a amizade. Convém acrescentar que a própria amizade reduz-se a uma figura — Étienne de La Boétie —, cuja perda (capítulo VI) continua sendo uma memória viva que nada vem enfraquecer, mesmo que sua atenção seja ocupada por numerosos pensamentos. Quanto à civilidade, Montaigne é sensível a tudo o que contribui para fortificá-la, inclusive quando essa operação se torna paradoxal, tais como as situações de guerra ou de colonização (capítulo VIII); além disso, mantém-se sempre vigilante às tentativas e não às proezas (capítulo VII), à ordem e à moderação, em vez de à elevação (capítulo IX).

I
Opinião ou conversa informal

"Para que serve um livro", pensou Alice, "sem imagens, nem diálogos?"
Lewis Carroll, *Alice no País das Maravilhas*, cap. 1, primeiro parágrafo

"É à maneira de conversa informal [*devis*] que falo de tudo, mas não dou nenhuma opinião [*avis*]" (3, XI, p. 1033). Qualquer opinião implica uma parada; ora, por seu mobilismo, Montaigne distancia-se de qualquer forma de opinião suscetível de fixar a ideia. Fixar a ideia ou a opinião consiste em pretender detê-la, possuí--la, e nós somos feitos para a busca, para a aprendizagem, e não para a posse do que é conceitual. A educação das crianças faz-se "ora por conversas, ora por livros" (1, XXVI, p. 225): por conversas, ou dito por outros termos, ao conversar informalmente, uma conversação sem ordem nem propósito. Nessa conversação acerca de tudo, e com a participação do maior número possível de pessoas de todas as categorias, cada qual está pronto a calar-se desde que seja interrompido: "Se me interrompem, calo-me" (3, V, p. 211; III, 5, B, 876). Conversar informalmente consiste em propor à questão o que exige uma análise:

Nesta estação fria, pus-me a meditar acerca do hábito que faz com que esses povos recém-descobertos andem nus, e pergunto a mim mesmo se o fazem por causa da temperatura elevada (como dizemos no que respeita aos índios e aos mouros) ou porque originalmente assim andaram os homens (1, XXXVI, p. 273).

O fato de falar por meio de conversa informal acaba desdobrando os possíveis, as alternativas hipotéticas, sem dar prioridade ao modo de falar categórico da opinião: é possível criticar o rei sem "ser sedicioso em seu coração"; sentir admiração pelo duque de Guise sem "pertencer à Ligue"; apreciar o rei de Navarra sem "ser huguenote". Em cada circunstância, trata-se de servir-se de distintas qualidades contra o preconceito do compromisso substancial; diante de cada pessoa, temos de lidar não tanto com o indivíduo, mas com determinadas qualidades. Quanto à opinião, está fora de questão superestimá-la:

> Minhas opiniões pouco pesam, aliás, mas as dos outros ainda menos (3, II, p. 160; III, 2, C, 814).

Qual seria então o valor das opiniões, quando seu efeito consiste em semear a discórdia e em deixar o eu com suas certezas? É mesmo difícil acreditar que elas possam "retificar" ou "restabelecer" qualquer "empreendimento público" ou "privado" (ibidem). Na origem de censuras ou de conveniências, frequentemente a opinião pública acaba sendo risível ou perigosa, tal como a do papa que se lembrou "de mandar castrar um grande número de belas e antigas estátuas em sua grande cidade a fim de que não corrompessem a vista" (3, V, p. 195; III, 5, B, 859): para que sua opinião tivesse alguma eficácia, "ele deveria ter se lembrado" de mandar castrar "cavalos, asnos e, enfim, a natureza inteira" (ibidem). Da conversa informal [*devis*] à divisa [*devise*], Montaigne serve-se de vários lugares-comuns ou provérbios, que são a maneira como as conversas informais de todo mundo conseguiram adquirir, em determinadas regiões, uma estabilidade cultural; assim, dir-se-á "Fulano avança com o vento pela popa, como diz a divisa de nosso Talbot".[1] A meio caminho entre a conversa pessoal e a divisa do senso comum, existem os lemas que ele manda gravar em medalhas, em 1576, e que constituem sua regra de conduta: "Je m'abstiens" [Abstenho-me] e "Que sçay-je?" [Que sei eu?].

1. A arte da conversação

Montaigne substitui a arte das controvérsias dialéticas pela arte da conversação; esta é mais familiar, menos caprichada que a polêmica, cujos procedimentos formais dissipam sua substância. A propósito de Bruto[2], Montaigne dirá:

> Eu teria preferido saber exatamente de que assuntos ele se entretinha, debaixo da tenda, com algum de seus amigos íntimos, na véspera de uma batalha, e não tanto dos discursos proferidos ao exército depois do combate (2, X, p. 158).

---

1. General inglês por ocasião da Guerra dos Cem Anos, John Talbot (c. 1385-1453) ganhou a afeição dos camponeses da província de Guyenne por seu espírito de justiça e magnanimidade; Montaigne alude provavelmente ao brasão de armas. Cf. *Ensaios*, 2, I, p. 101, nota 9. [N.T.]
2. Marco Júnio Bruto (85-42 a.C.), senador romano, jurista e filósofo, assassino de Júlio César em março de 44 a.C.

Debaixo de uma tenda ou à volta de uma mesa, a conversação sobre assuntos agradáveis e curtos confere à linguagem seu vigor, "constitui um dos mais saborosos condimentos" (3, XIII, p. 380; III, 13, 1106 B), sem qualquer necessidade do acompanhamento de música, à semelhança do que ocorre habitualmente nos banquetes; a música pode "perturbar a doçura das conversações" entre pessoas que "não sejam mudas, nem por demais falantes" (ibidem). Por outro lado, as controvérsias podem degenerar sempre em partidarismos, enquanto a conversação é acima de tudo divertida e convivial, de alguma forma uma "sociedade do discurso", visto que "metade da palavra pertence a quem fala e metade a quem escuta" (3, XIII, p. 366). Ela é válida como palavra comunicada:

> Nenhum prazer tem sabor para mim, se não posso entreter-me a respeito com alguém e se não tenho a quem oferecê-lo (3, IX, p. 290).

Assim, Montaigne tem intenção de falar à maneira de conversa, e não para emitir sua opinião; conversar informalmente sem pretender dar uma opinião e menos ainda um ensinamento:

> Não ensino, conto (3, II, p. 154).

Deixemos de lado os temas a ensinar, dando preferência aos contos e sonhos para que a conversação seja franca, incitando "os outros a procederem de igual modo, à semelhança do que ocorre com o vinho e o amor" (3, I, p. 145). O único resultado da conversação é o exercício da alma; ela adapta-se totalmente ao ensaio, cuja finalidade consiste em estimular a mente, tornando-a cada vez mais perspicaz a seu respeito.

Os *Ensaios* serão, portanto, relatos, e de modo algum doutrinas ou teorias. A desconfiança de Montaigne em relação às cosmografias, tais como a de Thevet[3], apoia-se no fato de que esse tipo de trabalho baseia-se em generalizações indevidas. Os teóricos são aquelas "pessoas dotadas de finura" que "deformam e ampliam os fatos" (1, XXXI, p. 258) quando, afinal, basta "relatar pura e simplesmente o que viram" (ibidem). O testemunho é preferível à ideia ampliada. Pela maneira como promove a arte da descrição, Montaigne situa-se na tradição daqueles que pretendem dar prioridade aos fatos e a seu acúmulo, em vez de qualquer sistematização ou teorização. "O que exponho aqui não é doutrina, mas experiência" (2, VI, p. 130), e a experiência baseia-se em fatos. Sob a forma de ensaios, trata-se de elaborar o "registro" de sua vida. Mas quem diz *fatos* refere-se aqui a fatos não tanto *possíveis*, mas *reais*:

> Há autores que procuram, principalmente, tornar conhecidos os acontecimentos; quanto a mim, se pudesse, visaria antes deduzir deles as consequências que porventura comportem (1, XXI, p. 176).

Um mundo de fatos possíveis não está em contradição com os fatos, nem com a lógica. A declamação é uma figura de estilo adaptada ao caráter hipotético dos fatos; os testemunhos, "desde que sejam possíveis, valem como verdadeiros", eis o motivo pelo qual, "ocorridos ou não, em Paris ou em Roma, com João ou Pedro, mostram-nos sempre um aspecto suscetível de ser assumido pela natureza humana" (ibidem). Não seria, portanto,

---

3. André Thevet (1502-1590), explorador e escritor, autor de *La Cosmographie universelle d'André Thevet, illustrée de diverses figures des choses plus remarquables veuës par l'auteur* (2 vols., 1575).

surpreendente que procurássemos, "até mesmo na aparência e na fábula teatrais", a representação das "trágicas peripécias do destino humano" (3, XII, p. 335). A razão é que a poesia dramática, tanto quanto a poesia lírica ou épica, encontra-se no mesmo plano da história, apesar da opinião de Aristóteles a esse respeito.

Montaigne tenta conciliar poesia e história para ser capaz de dizer "o que possa advir", da maneira mais satisfatória, para as "fantasias" humanas. O raro e o memorável da fábula, do que se diz, ao invés do evenemencial[4] da história prevista ou pactuada, cuja maior impostura consiste em construir semelhanças factícias, em limitar-se a refletir a opinião pública ou, então, a do governo.

O que faz Montaigne? Acumular fatos, indicar uma suspeita em relação às explicações que tendem a aliciá-los, dar crédito ao mundo privado das impressões sensíveis que dificilmente podem ser postas em dúvida. Se pretendemos avançar ainda mais, ou seja, dar uma explicação dos fatos, convém reconhecer o caráter simplesmente conjectural dessa explicação: proceder de maneira que ela seja mais semelhante a uma narrativa do que a um dogma.

Em seu livro *Our Knowledge of the External World* (1914), Bertrand Russell explicita tal método:

> A imensa extensão de nosso conhecimento dos fatos produziu nos últimos tempos, tal como ocorreu na Renascença, dois efeitos sobre a atitude intelectual de cada um. Por um lado, ele tornou o homem cauteloso em relação à verdade dos sistemas vastos e ambiciosos. As teorias aparecem e desaparecem rapidamente. Cada uma serve, durante um momento, para classificar os fatos conhecidos e para incentivar a busca de novos

---

4. No original, *événementiel*: de *événement*, "acontecimento". [N.T.]

fatos; por sua vez, cada teoria manifesta sua incapacidade para adaptar-se aos fatos recém-descobertos. Na ciência, os próprios inventores de teorias acabam por considerá-las apenas como uma fase temporária inevitável. A crença adotada na Idade Média — segundo a qual o ideal de uma síntese integral havia sido alcançado — recua cada vez mais para além dos limites do possível. Em um mundo tal como o de Montaigne, nada parece ter valor além da descoberta de um número cada vez maior de fatos, cada um dos quais decretava, por sua vez, a morte de uma teoria favorita. Criar uma ordem inteligível torna-se um trabalho bastante difícil e, por via do desespero, uma operação nociva.[5]

2. *A arte da comparação*

A comparação é um procedimento adotado por Montaigne em lugar da busca das essências: quanto maior for o número de comparações, tanto mais ele se desobriga de tal busca. Daí a estratégia de empreender paralelos à maneira de Plutarco[6] para fornecer pontos de comparação, sem nenhum comentário. Comparar sem a tentativa de dizer tudo, sem equiparar nem avaliar. A propósito das

---

5. "La Méthode en philosophie", in *Our Knowledge of the External World* [1914], G. Allen & Unwin, 7ª ed., 1980, trad. Ph. Devaux, Paris, Payot, 1971, p. 51 [ed. bras.: *Nosso conhecimento do mundo exterior: Estabelecimento de um campo para estudo sobre o método científico em filosofia*, São Paulo, Companhia Editora Nacional, 1966].

6. Com efeito, Montaigne conhecia perfeitamente a obra desse autor latino: Jacques Amyot havia publicado, em 1572, sua tradução de *Œuvres Morales*, de Plutarco, do qual já tinha editado, em 1559, *Vie des hommes illustres*. Cf. *Les Essais*, Livro 2, trad. em francês moderno do texto da edição de 1595 por Guy de Pernon, p. 113, nota 1. Disponível em: <http://epicurienhedoniste.blogspot.com.br/2012/07/montaigne-les-essais.html>. [N.T.]

semelhanças propostas por Plutarco entre um grego e um romano, Montaigne observa o seguinte:

> E Plutarco [...] não os julgou em bloco, nem revelou nenhuma preferência: ele compara, uns após outros, certos episódios e certas particularidades de suas vidas respectivas, e os julga em separado (2, XXXII, p. 398).

Montaigne insistirá sobre o fato de que se trata de enfatizar as diferenças, em vez das semelhanças, e de abster-se de qualquer juízo particular. Rousseau, por seu turno, inspirar-se-á em tal postura ao estabelecer o paralelo entre Sócrates e Jesus em seu livro *Emílio*: o primeiro morre como um homem, rodeado por seus amigos; enquanto o outro, como um deus, cercado por seus inimigos, contra os quais ele é incapaz de sentir ódio. Nos *Ensaios*, Sócrates é comparado não a Jesus, mas a Alexandre. Tal comparação não significa ser equiparado a este, mas sublinha o seguinte: o que o primeiro é capaz de fazer não está ao alcance do outro. Plutarco e Sêneca serão comparados de acordo com o próprio modelo utilizado por Plutarco: este nos "serve de guia", enquanto o outro "nos empurra" (2, X, p. 157). O primeiro tem ideias "isentas de exagero e que se acomodam à sociedade tal qual é", enquanto o outro "se esforça, se retesa e tenta defender a virtude contra a pusilanimidade" (ibidem, pp. 156-157). Considerando que "qualquer exemplo é imperfeito" (3, XIII, p. 352) e pode ser utilizado de maneira imprecisa e "sob todos os seus aspectos" (ibidem, p. 367), é difícil atingir o primeiro grau do universal que é a experiência, visto que a dessemelhança é a qualidade mais universal. Aliás, "distinguo" (cf. 2, I, p. 100)[7] é a palavra de Montaigne:

---

7. Termo da lógica neoescolástica: procedimento que consiste em dividir os argumentos em pares, cada um dos quais contendo, pelo menos, um

Houve indivíduos e, particularmente, um em Delfos que sabia não somente distinguir de que galinheiro provinha o ovo, mas ainda, havendo várias galinhas, aquela que o tinha posto (3, XIII, p. 349).

Em vez de basear a semelhança entre um sujeito e um predicado, Montaigne permanece sensível à relativa inadequação entre um e o outro. A dessemelhança é a qualidade universal das coisas e no momento em que elas "comportam alguma semelhança" (3, XIII, p. 352) é sempre a partir de uma "experiência imperfeita"; resta apenas ligar "as comparações entre si por alguma parte" (ibidem, pp. 352-353), sabendo que "a semelhança não unifica na mesma proporção em que a dessemelhança diversifica" (3, XIII, p. 349).

3. A sugestão

Quando alguém se acostuma, como Montaigne, a escrever nas margens dos livros lidos, mostra propensão para a arte da sugestão. Os próprios geômetras euclidianos anotavam, na margem das demonstrações, aquelas suscetíveis de serem desenroladas; elas podiam ser, então, entimemáticas, elípticas. Quanto a Montaigne, ele adota outro procedimento: em vez de escrever na margem os axiomas e as definições mobilizados pelas demonstrações, trata-se de procurar as "críticas" e os "comentários" (2, X, p. 157) dos autores lidos, como ocorre nas *Cartas*,

---

elemento oposto a um dos elementos do outro. Os comentaristas consideram que no Livro 2 o início do cap. XI — "Da crueldade" — é elaborado de acordo com esse método. Cf. *Les Essais*, Livro 2, trad. em francês moderno do texto da edição de 1595 por Guy de Pernon, p. 100, nota 1. Disponível em: <http://epicurienhedoniste.blogspot.com.br/2012/07/montaigne-les-essais.html>. [N.T.]

de Sêneca, nas quais o desenvolvimento por completo do assunto é desnecessário para compreendê-lo.

Pela sugestão, é veiculada uma *visão do mundo*. Ao sugerir, deixamos deliberadamente algo fora de nosso poder, como se tratasse de uma maneira de dizer que nem tudo está a nosso alcance ou que vamos nos limitar às aparências:

> Quando me consulto, limito-me a esboçar o tema de minhas reflexões e o encaro superficialmente nos seus primeiros aspectos; o principal da tarefa, tenho por hábito confiá-lo ao céu (3, VIII, p. 251).

Eis o motivo pelo qual parece bem paradoxal considerar Montaigne como um autor de axiomas definitivos sobre a arte de viver. Quando suas afirmações assumem a forma de sentenças, convém entendê-las, na maior parte das vezes, "por dissimulação" e não "por algo seguro". Aquele que decidiu falar "a propósito e fora de propósito", que não cessa, em seus ensaios, de dizer "voltemos ao nosso assunto", serve-se da digressão não para mudar inopinadamente de tema, mas para mostrar a costura imperceptível entre assuntos aparentemente discordantes. Por exemplo, no capítulo sobre a diversão, o vínculo sutil efetuado entre o ciúme como desejo de posse e a linguagem como posse do sentido significa o mesmo equívoco.[8]

As argumentações nunca serão comprovadas. Montaigne contenta-se em "folhear, ora um, ora outro livro, do começo ao fim, ou vice-versa" (2, XVIII, p. 356); nesse aspecto, ele sugere ou indica. Ele recusa-se a proferir uma afirmação explícita e clara, além de "fazer questão de dizer as coisas pela metade, algo confusamente e de modo discordante" (3, IX, p. 299). A alusão orquestrada, assim,

---

8. Cf. *infra*, p. 139 e ss.

é feita a partir do modelo de um Plutarco que "aponta simplesmente para onde devemos ir, se nos apetecer, contentando-se, às vezes, em fazer uma alusão no texto palpitante de uma narrativa" (1, XXVI, p. 222). A conversa descosida, incompleta, será, portanto, a regra. Nada melhor, nesse caso, do que a palavra poética, erigida à categoria de paradigma da transmissão. É incontável o número de versos latinos citados, diversas vezes, nos *Ensaios*, como elemento de ligação de um pensamento que anda à procura de si mesmo. Se Platão considera a natureza como um "poema enigmático" (2, XII, p. 255), é para que possamos exercer melhor "nossas conjeturas" (ibidem), procurando enfrentar o desafio da sugestão: passar do enigma para o estudo e para a análise, uma vez que a "filosofia [é] apenas uma poesia feita com sofismas" (ibidem).

"O poeta", diz Platão, "sentado no tripé das musas, deixa que derrame tudo o que lhe vem à ideia, como a água jorra da fonte, sem meditar nem ponderar; e jorra de tudo, coisas contraditórias, de todas as cores, sem sequência." O próprio Platão entrega-se à inspiração poética. E a teologia antiga, dizem os sábios, é também poesia: foi a primeira filosofia. É a linguagem original dos deuses (3, IX, p. 298).

O caminho a empreender incessantemente é aquele que, daí em diante, leva do poema enigmático até a poesia feita com sofismas, sem chegar a nenhuma resolução, mas adotando algumas crenças que serão como as etapas intermediárias da "zetética".[9]

---

9. Do adjetivo grego *zetetikós*, "que gosta de investigar" — portanto, "método utilizado para descobrir a razão das coisas" —, ou Arte da Dúvida, segundo o filósofo grego Pirro (365-275 a.C.).

Quem se dedica às musas está longe de perder seu tempo. Com efeito, o próprio passatempo deve tornar-se uma finalidade:

Se alguém me disser que é aviltar as musas apelar para elas unicamente para se distrair, ignora, como eu, o quanto vale o prazer, a brincadeira e o passatempo (3, III, p. 171).

Entre os contemporâneos de Montaigne, citemos Jean Second[10], de quem o filósofo aprecia os "beijos" (2, X, p. 154); e, evidentemente, Rabelais, cuja linguagem viçosa e ingênua inaugura, na França, uma nova maneira de escrever. Os poetas exprimem-se por meio de "saltos e cabriolas", deixando ao leitor a iniciativa de fazer a outra metade do trabalho. Um livro existe também na desenvoltura, na memória dos leitores, que, de certa forma, o completam, à semelhança do que ocorre na compreensão da metáfora: tal operação consiste em *constituir* seu sentido. Essa é a atividade de sonho da linguagem: fixar a lição dos contos e dos sonhos visto que "conhecemos as coisas em sonho, diz Platão, mas as ignoramos na realidade" (2, XII, p. 226). Sugerir consiste igualmente em tratar de maneira indireta — ou, como afirma Montaigne, de esguelha — um assunto. Os títulos dos ensaios nem sempre estão de acordo com a respectiva matéria e os "saltos" e "cabriolas" tornam-se a regra da escrita:

---

10. Jean Second (1511-1536), humanista, poeta e escultor, autor do *Liber Basiorum* (*Livre des baisers* [Livro dos beijos]), Paris, Les Belles Lettres, reed., 2006.

Perco-me, mas antes por vontade própria e não por inadvertência. Minhas ideias ligam-se umas às outras, mas às vezes de longe; elas observam-se, mas de esguelha (3, IX, p. 298).

A sugestão anda de mãos dadas com a vivacidade: é possível lançar luz sobre um ponto particular, mas de maneira furtiva segundo uma linguagem "suculenta e nervosa, breve e concisa, antes difícil em vez de tediosa, sem afetação, desregrada, descosida e ousada" (1, XXVI, p. 234). Além de experiência e razão, o homem é firmeza e vivacidade; sobretudo, convém deixar que o próprio assunto dite suas regras, sem nenhuma sobrecarga de procedimentos retóricos, visto que ele "mostra perfeitamente onde se modifica, onde termina, onde começa, onde é retomado, sem necessidade de introduzir palavras, ligações e costuras, tão somente úteis aos ouvidos fracos ou indolentes; não quero comentar a mim mesmo" (3, IX, pp. 298-299). Para quem pretenda encontrar o sentido categórico de uma ideia, para quem seja incapaz de ver o quanto o sentido se encontra alhures, além ou aquém da expressão, e sem nenhuma correspondência perfeita com ela, convirá prestar atenção a este trecho:

> Elas [as ideias] comportam, muitas vezes, independentemente de minha intenção, a semente de uma matéria mais fecunda e ousada, revelando indiretamente algo mais requintado, tanto para mim que não pretendo aprofundar o assunto, quanto para aqueles que serão sensíveis à minha maneira de pensar (1, XL, p. 292; I, 40, 251, C).

Dois autores contemporâneos, cada qual a sua maneira, têm insistido sobre a linguagem de Montaigne como um modo de falar "a propósito ou fora de propósito". O título do livro meio sociológico e meio antropológico de Nicole Lapierre é uma expressão de Montaigne: "*Pensons ailleurs*".[11] Em vez de uma tentativa de explicar Montaigne, a autora pensa com ele seu próprio objeto. André Tournon, por sua vez, apresenta o pensamento do próprio Montaigne, mas indica o quanto é necessário viajar no texto dos *Ensaios*, andar à procura dos "caminhos alhures" para estabelecer alguma coerência do *a propósito* e do *fora de propósito*, além de fornecer uma análise sutil e sugestiva de dois trechos em que Montaigne fala "por dissimulação" e não "por algo seguro"[12]: 1) O capítulo "Dos coxos" (3, XI) fala-nos da superstição e da gênese do boato. Qual é a relação desses temas com os coxos? Um adágio retomado por Montaigne, mas não segundo seu credo, vai esclarecer-nos: fazer amor com uma mulher coxa dá mais prazer (ibidem, p. 326). Esse é o caráter próprio do rumor; desse modo, o título do ensaio está justificado. 2) O capítulo "Da consciência" (2, V) sublinha o quanto a mentira é uma espada de Dâmocles, pairando sobre essa instância; ele termina com o relato de um caso de justiça expeditiva, revelando que a autora da denúncia não tinha mentido (ibidem, p. 124). Mas aprendemos que o fato de dizer a verdade não é suficiente para justificar uma justiça rápida e, no termo dessa leitura, sentimos alguma perplexidade que desperta a nossa consciência.

---

11. "Pensamos sempre em outra coisa" (3, IV, p. 174). Nicole Lapierre, *Pensons ailleurs*, Paris, Stock, 2004.
12. André Tournon, *Route par ailleurs*, Paris, H. Champion, 2006.

4. Aforismos

O aforismo é uma palavra dotada de ânimo, palavra viva e vigorosa, em ligação direta com a vida, longe das máximas eternas que são as suspensões temporárias de movimento da mente. Privilegiamos quase sempre a máxima atemporal, esquecendo-nos de que ela começou por ser, muitas vezes, um adágio ou um aforismo relacionado estreitamente com o que é vivido. Montaigne chega a escrever que "teria tomado por máximas e aforismos tudo o que Erasmo tivesse dito a seus criados" (3, II, pp. 156--157), ou Bruto debaixo de sua tenda (2, X, p. 158); o esquecimento dessas palavras vivas é esquecer que elas foram pronunciadas por alguém que viveu. Apesar de ocasionais, nem por isso os aforismos deixam de ser solenes: ao receber as *ultima verba* de La Boétie, Montaigne vai relatá-las em uma carta dirigida ao pai, Pierre Eyquem.

Quando a função de uma pessoa se torna eminente — por exemplo, príncipe ou presidente —, constrói-se um ídolo: "Parece-nos que uma pessoa com posição tão elevada não desce de seu trono para viver" (3, II, p. 157). Os aforismos são ditos ocasionais, relacionados totalmente à enunciação: aí reside a distância mínima entre o discurso no papel e a palavra pronunciada. Os aforismos estão vinculados ao falante, à região e às circunstâncias de sua enunciação. Enquanto atitude relacionada com a linguagem e, sobretudo, comportamento linguístico em vez de opinião ou ideia, os aforismos são contingentes. "Escrevo como falo ao primeiro indivíduo que encontro" (3, I, p. 141) e, ao falar frequentemente "a propósito e fora de propósito", "à medida que meus devaneios tomam corpo, eu os agrupo" (2, X, p. 153).

Daí a importância do relato, ou seja, da evocação em voz alta (1, X, p. 126; 1, XXIV, p. 193; 3, IX, p. 300).

A palavra fortuita é tanto mais significativa na medida em que ela é ocasional; Montaigne reabilita o acidental. Aristóteles havia dedicado dois livros — os *Tópicos 1* e *2* — ao acidente, que é, simultaneamente, o mínimo que se possa dizer sobre um assunto e a indicação possível de uma comparação, de uma preferência. Ao ser o mínimo que se possa dizer sobre algo, o acidente é, ao mesmo tempo, o mais geral dos predicados, tendo a capacidade de ser contíguo, sucessivamente, com a definição, o gênero e o peculiar. Por ser o indício do preferível, ele é o paradigma de qualquer comparação; daí seu valor nas equiparações empreendidas por Montaigne. O acidente é o requisito mínimo para fazer uma pregação; é o que convém apenas em determinado momento, como a questão cética que depende sempre do momento em que ela surge. O acidental é a filiação mínima do predicado ao sujeito, o que convém ao ondulante Montaigne que muda de minuto a minuto. O acidente permite acolher os contrários sem ruptura lógica no discurso: os "acidentes instáveis" que, às vezes, são contraditórios "seja em decorrência de minha mudança, seja pelo fato de que o objeto da minha observação vai aparecer dentro de um quadro e de uma luz diferentes. Daí, acontecer que, não raro, eu caia em contradição [...]" (3, II, pp. 152-153).

O fortuito como "sorte" tem a ver exatamente com as coincidências petrificantes, evocadas pelos surrealistas a propósito do acaso. O pai e o filho, abraçados para sempre pelos ferimentos infligidos mutuamente para escapar ao inimigo, permanecem ligados mortalmente: "Inácio, pai e filho, proscritos de Roma pelos triúnviros, resolveram matar-se um ao outro, a fim de frustrar a crueldade dos tiranos" (1, XXXIV, pp. 271-272). A sorte na "trela da razão" fez o resto: após "dois golpes igualmente mortais [...], eles ainda têm força para retirar os ferros dos ferimentos, caindo ensanguentados nos braços um do outro. E assim morrem tão estreitamente abraçados que os carrascos lhes cortam as cabeças, deixando os corpos nobremente ligados e aspirando afetuosamente o sangue e as derradeiras manifestações vitais de cada um" (ibidem, p. 272).

5. Peças e pedaços (2, I, p. 101)

Os *Ensaios* serão, pois, uma "gororoba", "fragmentos", "um feixe [...] completado através de repetidas soluções de continuidade" (2, XXXVII, p. 420; II, 37, 758 A), algo em permanente ponderação à semelhança do mundo que está em contínuo movimento. Eles dão a "medida da visão" de Montaigne, não a das coisas, no sentido de que são, sobretudo, um testemunho e não tanto um saber:

> Apesar de tratar-se, sem dúvida, de um título modesto, ele traduz uma tendência original (e não de uma concessão ornamental na moda), a vontade de existir no provisório de sua pessoa.[13]

Os *Ensaios* serão pouco explícitos: se os títulos dos ensaios nem sempre têm relação direta com seu conteúdo, é porque se deve desenvolver um método oblíquo mediante o qual citar, servir-se de referências antigas, consiste, acima de tudo, em "deformar" para apropriar-se delas.

> Não me preocupo com a quantidade e sim com a qualidade das citações (2, X, p. 152).

---

13. Hugo Friedrich, *Montaigne* [1949, 1967], trad. Robert Rovini, Paris, Gallimard, 1968, p. 356.

De fato, o "ensaio" [*essai*] é o discurso em que alguém se apropria das afirmações de outra pessoa; o livro de Montaigne é, como se diz habitualmente, uma tentativa [*coup d'essai*] que é, ao mesmo tempo, um golpe de mestre [*coup de maître*], uma vez que ele cria, com esse livro, o gênero correspondendo a seu título, e é elogiado, imediatamente, como uma obra-prima. Ao adicionar aos Livros 1 e 2, já publicados, um terceiro, ele apresenta sua obra em termos de "*coup d'essai*":

> Deixa-me, ó leitor, que prossiga este *coup d'essai* e este terceiro adendo feito com o resto das peças de meu retrato (3, IX, p. 271).

O ensaio, em sua terminologia do século XVI, provém do latim *exagium*, operação de pesagem; trata-se, de um extremo ao outro, de uma ponderação das afirmações e dos argumentos de outros e, nesse aspecto, mereceria figurar como uma excelente ilustração dos *Tópicos*, de Aristóteles, livro que enumera a multiplicidade dos "lugares", comuns ou demonstrativos, encontrados tanto em nossa conversa espontânea quanto em nossos pensamentos elaborados.

A experiência acumulada confere legitimidade a sua transcrição nesse novo gênero em que a experiência, a tentativa e a avaliação constituem a própria matéria do livro, um conteúdo que Montaigne pretende compartilhar:

> Vivi bastante para que me julgue no direito de expor as práticas que me levaram tão longe. Para quem quiser experimentar, já fiz tal experiência, à semelhança de um provador (3, XIII, p. 360).

Mas tal ensaio deve ser retomado continuamente, sem nunca se confinar em si mesmo, visto que a alma se recusa a limitar-se a uma resolução qualquer:

> Se minha alma pudesse fixar-se, eu não estaria elaborando ensaios, mas haveria de tomar resoluções: ela continua aprendendo e submetida a provações (3, II, p. 152).

Elaborar ensaios não é, portanto, fazer afirmações categóricas, nem proposições, mas estar em busca de si por meio de navegações ao acaso, mediante as quais Montaigne espera harmonizar as oportunidades com seu temperamento.

Os livros não servem, em primeiro lugar, para instruir, mas para exercitar o julgamento. Eles levam Montaigne a pôr em ação sua mente: "Os livros não me educaram, mas foram um exercício para meu espírito" (3, XIII, p. 329). Com efeito, deve-se proceder "ao contrário" do que é preconizado pela instrução para que "toda essa gororoba de frases aqui jogadas algo confusamente" seja apenas "uma espécie de registro das experiências [*essais*] de [sua] vida" (ibidem, p. 360); experiências para "viver com acerto" porque essa é "a mais admirável obra-prima" (ibidem, p. 382). Nesse sentido, temos de privilegiar as "peças descosidas" (2, X, p. 156), a conversação "a propósito e fora de propósito" (3, XI, p. 326) e a maneira como ocorre a estabilização de um saber que, de disposição, se torna uma posse.

Montaigne serve-se do binômio disposição/posse, forjado por Aristóteles: em sua obra *Categorias*, o Estagirita explicava que uma das subespécies da qualidade era esse binômio. Trata-se da mesma qualidade sob duas perspectivas distintas: sob o prisma do efêmero, do provisório, ela é disposição; e sob o prisma do duradouro, do adquirido pelo exercício, é uma posse. Como exemplo de posse, Aristóteles referia-se ao conhecimento e à virtude. Montaigne menciona essa lição aristotélica quando pretende explicar a maneira como se apropriou do saber dos antigos:

> As ideias gerais que possuo nasceram comigo, se é que posso exprimir-me desta maneira. Apresentei-as simplesmente e despidas de artifícios a princípio, sinceras e ousadas, mas sob uma forma algo indecisa; fortaleci-as, em seguida, e as formulei apoiando-me na autoridade de outros e nos exemplos tirados dos antigos, com os quais estou de acordo. Eles confirmaram-me na decisão de mantê-las e tornaram-me mais caro e completo o gozo e a posse delas (2, XVII, p. 351).

O início do ensaio sobre a crueldade (2, XI) percorre o mesmo caminho que vai da bondade "natural" à virtude adquirida pelo esforço até tornar-se uma posse. Se é possível afirmar que se tem a bondade como disposição, por sua vez a virtude só pode inscrever-se na ordem da posse:

> Parece-me que a virtude é coisa diferente e mais nobre do que as inclinações para a bondade que nascem em nós (ibidem, p. 162).

Montaigne conversa conosco, servindo-se de uma linguagem que ele pretendeu que fosse animada; por isso, teve de renunciar ao discurso que estabelece os requisitos e, em seguida, desdobra as consequências. Os títulos de seus ensaios são efetivamente, muitas vezes, máscaras que só são retiradas graças a um indício, a um detalhe, a uma narrativa engraçada, a uma pequena história ou a uma série de fatos.

Os *Ensaios* não são uma obra de pura imaginação, nem de pura especulação, constituindo, no entanto, uma oportunidade para imaginar e refletir. Nesse texto, encontra-se a poesia e a história de acordo com uma conjugação inédita, de tal modo é difícil entrelaçar essas duas práticas de pensamento. Tal entrelaçamento ocorre mediante uma contingência que concilia o que está acontecendo com o que poderia ter acontecido, através de uma sugestão que nos torna aptos a imaginar e de uma comparação que nos leva a superar tanto a compulsão para a prédica categórica quanto o encarceramento do sentido em que se pretende confinar a palavra; esta é suscetível de ser utilizada em múltiplos usos, cujo alcance deve ser levado em consideração, sem se amedrontar com as contradições que, porventura, venham a ser encontradas. Convém esforçar-se por encontrar a contradição e, ao mesmo tempo, evitar que ela se torne incontornável.

II
Aparência ou contradição

> *Em vez do confronto entre dois contraditórios que procuram a própria síntese e superação, imaginem que eles se estilhacem em cristais multicolores. Vejam só! Acabo de definir a composição geológica do granito: quartzo, feldspato e mica.*
>
> Jacques Berque,
> Arabies, Paris, Stock, p. 111

1. Salvar as aparências

"Deixar-se conduzir pelas aparências, na medida em que estas não sejam expressamente contrárias ao desígnio [do indivíduo]" (2, XII, p. 230), para além da dúvida, eis talvez a lição mais pertinente do pirronismo[1]: estamos reduzidos às aparências por falta de certeza sobre a natureza das coisas. Até mesmo as filosofias que se consideram como dogmáticas — ou, dito por outras palavras, que têm um princípio enquanto fundamento de suas proposições — não passam de um artifício retórico para

---

1. A doutrina de Pirro de Élis (365-275 a.C.) é um ceticismo a tal ponto que a profissão de fé de seus partidários consiste em "hesitar, duvidar e questionar, sem obter nenhuma certeza, nem dar nenhuma resposta" (2, XII, p. 227).

apresentar, segundo "uma aprazível e sutil aparência", "teorias" que foram designadas como "átomos" por Epicuro, "ideias" por Platão ou "números" por Pitágoras (ibidem, p. 234). Na opinião de Montaigne, tais filósofos nunca acreditaram "seriamente" nessas noções; eles falaram por dissimulação, "demasiado sábios para estabelecer suas profissões de fé a partir de coisas tão pouco assentadas e tão discutíveis" (ibidem).

Suas explicações visavam um único objetivo: garantir uma "aparência" que possa "manter-se contra as ideias contrárias" (ibidem). Nesse contexto, a aparência tem o sentido de verossimilhança, que é, aliás, o máximo que seja possível esperar de uma filosofia, cuja pretensão não vai além das construções repetidas, a serem refeitas continuamente, uma filosofia que não é discurso sobre o ser, nem conjunto de crenças verdadeiras. Por falta de um instrumento natural que se identifique com uma ideia inata, prodigalizando-nos o método para avançar, resta-nos construí-lo mediante a verossimilhança sem nenhuma pretensão de proceder a um juízo categórico a respeito das coisas:

> Para aquilatar das aparências que recebemos das coisas, teríamos necessidade de um instrumento aferidor; para controlar esse instrumento, necessitaríamos de experiências e, ainda, de outro instrumento para comprová-las: eis-nos em um impasse (2, XII, p. 305).

Além de atingir os meios para emitir o julgamento, a regressão ao infinito afeta as razões deste:

> Nenhuma razão seria aceitável sem que outra viesse a demonstrar sua validade: eis-nos de volta ao ponto de partida (ibidem).

A originalidade de Montaigne consiste precisamente em substituir a solução ontológica ou epistemológica por uma estrutura simples e predisposta a ser ininterruptamente desfeita, refeita, à semelhança dos alicerces de uma casa antiga, cuja data de construção é impossível determinar em decorrência das reformas permanentes e sedimentadas a que foi submetida.

Tal comentário refere-se ao plano teórico; em relação ao plano prático, não cessamos de fazer a experiência de passar de uma atitude para a atitude contrária. A contradição é o quinhão dos seres humanos, no sentido de que eles "riem e choram pelo mesmo motivo" (1, XXXVIII, p. 279) e de que os próprios pintores "admitem que os movimentos e rugas do rosto desenhados para exprimir o choro servem igualmente para representar o sorriso" (2, XX, p. 362). E, como nenhuma qualidade nos é "aplicável sem restrição", o servente é tratado, sucessivamente, como animal e bom sujeito. Agitado por "diversas paixões" (1, XXXVIII, p. 279), ou, dito por outros termos, por paixões contrárias, "não há como estranhar que alguém lamente a morte de quem não gostaria que permanecesse vivo" (ibidem, p. 280; I, 38, 234 A). Também não é surpreendente que alguém se mostre, ao mesmo tempo, indiferente e apaixonado por sua mulher: nenhuma dessas atitudes é "fingida" (ibidem; I, 38, 235 B), salvo para aquele que pretenda permanecer "imbecil".

A contradição limita-se a ser, muitas vezes, função da mudança de aspecto ao qual submetemos as coisas; com efeito, "cada coisa pode ser encarada de diferentes lados e apresentar aspectos diversos" (1, XXXVIII, p. 280). Acontece também que obtemos uma coisa por meios opostos: a bravura ou a compaixão podem levar o inimigo a tomar a atitude que desejamos (1, I, p. 97), considerando que "o homem é de natureza frágil, desigual e instável" (ibidem, p. 99). Ou, inversamente, utilizamos o mesmo meio com resultados opostos: "ao largar as rédeas" às facções, o imperador Juliano permite-lhes tanto armarem-se contra ele, tendo toda a liberdade para empreender tal ação, quanto "enfraquecê-las ou embotá-las pela facilidade e latitude que lhes são outorgadas" (2, XIX, p. 361).

A contradição ocorre tanto nos meios quanto no resultado, porque não controlamos a parte de *engenhosidade* da sorte, do fortuito (1, XXXIV, p. 270). Enfim, "em razão da lei da natureza segundo a qual tudo se fortalece ante o obstáculo encontrado" (1, XX, p. 158), a virtude alimenta-se das dificuldades e inconvenientes que tem de enfrentar.

Voltemos ao plano teórico. Montaigne questiona amplamente a pertinência das proposições opostas: não somos intimados a escolher entre elas, visto que podem ter "igual peso" (2, XXXVII, p. 434). Em vez de estabelecer a oposição entre determinada hipótese e outra — por exemplo, o heliocentrismo ao geocentrismo —, por que não imaginar uma "terceira opinião"?

> E quem sabe se, daqui a mil anos, uma terceira opinião não destruirá as duas precedentes? (2, XII, p. 282).

Em 1543, é publicada a obra capital de Copérnico — *De Revolutionibus orbium cœlestium* [Sobre as revoluções das esferas celestes] —, astrônomo evocado por Montaigne ao falar das novas "formulações no terreno da física" (ibidem). De imediato, ele adota um ponto de vista instrumentalista: as hipóteses cosmológicas são ficções utilizadas pela mente para salvar os fenômenos, puras *construções* da imaginação, cuja validade é aferida por sua conformidade com a observação e por seu contributo em relação ao cálculo. Ao mencionar a terceira opinião, Montaigne rejeita o princípio do terceiro excluído na física, dando acesso assim a uma posição epistemológica que será tematizada, mais tarde, por Pierre Duhem[2]: a oposição entre duas hipóteses físicas não pode levar à conclusão de que uma é verdadeira enquanto a outra seria falsa, porque é sempre possível tornar grandemente complexa determinada hipótese para salvar os fenômenos, em vez de renunciar a tal operação em favor da hipótese oposta.

Mas essa invenção da terceira possibilidade é válida também para as querelas teológicas. Ainda nesse aspecto, para evitar o confronto entre duas teses — como se uma

---

2. Pierre Duhem (1861-1916), físico, historiador e filósofo das ciências, autor de uma série monumental: *Le Système du monde: Histoire des doctrines cosmologiques, de Platon à Copernic* (1913-1917), Paris, Hermann, 10 vols., 1954-1959. Ele combateu a redução metodológica da física à geometria, tendo negado o papel do experimento crucial e da hipótese isolada na física. Entre duas hipóteses opostas, há sempre a possibilidade de introduzir uma terceira hipótese suscetível de traduzir com pertinência os fenômenos: "Contrariamente à redução ao absurdo utilizada pelos geômetras, a contradição experimental não possui o poder de transformar uma hipótese física em uma verdade incontestável; para conferir-lhe tal competência, seria necessário a enumeração completa das diversas hipóteses suscetíveis de serem obtidas de determinado grupo de fenômenos; ora, o físico nunca está seguro de ter esgotado todas as suposições imagináveis; a verdade de uma teoria não se decide a cara ou coroa", *La Théorie physique, son objet, sa structure* [1906], Paris, Vrin, 1989, p. 289.

De maneira mais geral, Pierre Duhem defende a ideia de que as leis da física, em vez de serem verdadeiras ou falsas, são traduções precisas e simbólicas. Ao citar Pascal, na conclusão do cap. V — intitulado "La Loi physique" —, ele observa o seguinte: "A verdade é um aspecto tão sutil que nossos instrumentos são demasiado embotados para atingi-la com exatidão. Aliás, se conseguirem tal feito, eles vão danificar esse aspecto e apoiar-se a sua volta, de preferência, sobre o que é falso e não sobre o que é verdadeiro", ibidem, p. 271.

[Cf. Fábio R. Leite, "Sobre as relações históricas entre a física e a metafísica na obra de Pierre Duhem", *Scientiæ Studia*, São Paulo, v. 11, n. 2, pp. 305-331, 2013. Disponível em: <www.revistas.usp.br/ss/article/download/78220/82295>. E também Pablo R. Mariconda (org.), "A filosofia da física de Pierre Duhem", *Revista Ciência e Filosofia*, n. 4, São Paulo, 1989. (N.T.)]

fosse verdadeira e a outra falsa —, Montaigne evoca uma terceira possibilidade para evitar o princípio do terceiro excluído:

> Antes que [a nova doutrina] tivesse sido produzida, a doutrina oposta estava em voga. Assim como esta foi derrubada pela mais recente, pode acontecer que, no futuro, uma terceira invenção venha a substituir a segunda (2, XII, p. 282).

O próprio fato de adotar uma crença religiosa depende de fatores de tal modo fortuitos — tais como o nascimento em determinado lugar, o convívio com determinadas pessoas — que, "em outras regiões, em face de outras testemunhas, as promessas e ameaças semelhantes poderiam igualmente impor-nos uma crença oposta" (ibidem, p. 178).

Além disso, ao degenerar em violência e em opinião preconcebida, a controvérsia acaba por impregnar de vaidade nossas hipóteses:

> Afinal de contas, apoiar em simples conjeturas a decisão de mandar queimar vivo um homem é valorizá-las exageradamente (3, XI, p. 325).

Acontece, aliás, que a contradição "desperta" a atenção e "fornece a oportunidade de exercitar" o julgamento (3, VIII, p. 244); longe de ser um vício a evitar, a contradição é um contratempo oferecido à inteligência. Com efeito, nada além da "vontade divina" pode nos reger "sem contestação possível" (2, III, p. 109).

Montaigne considera que a arte mais rigorosa e difícil é a poesia; eis uma arte que sabe misturar as substâncias opostas, no sentido de que ela não está submetida ao princípio da contradição. De alguma forma, a poesia é, em seu entender a "filosofia primeira", expressão utilizada tradicionalmente para designar a metafísica e que, nesse caso, é desviada em benefício da poesia. A poesia homérica, por exemplo, não é feita de versos ritmados que o povo grego recita como se fosse um texto "primordial"? A utilidade da poesia é reconhecida por Platão não só na legislação, mas de forma geral em numerosas práticas do pensamento. Em seu livro *Leis*, o legislador é aquele que sabe escutar os cantos, além de reconhecer a incidência deles na lei: trata-se, de alguma forma, de introduzir na lei a vida campestre feita de cantos populares que têm o segredo do vínculo social como vínculo orgânico. A poesia torna-se, portanto, uma espécie de magia social quando é cantada por todos: é a lupa que ajuda a ver o que une um povo.

2. Condução e uso do mundo

Por sermos incapazes de conduzir o mundo — para isso, seria necessário ser Deus! —, dispomos de seu uso, o que não restringe de modo algum nossa ação, porque podemos agir sempre sobre os efeitos por falta de apreender as causas. "Procuro revelar as coisas, de preferência a explicá-las" (2, XII, p. 225). A natureza é precisamente tal uso: "[...] chamamos ainda natureza ao exercício e à condição de cada um de nós, e fixemos assim os limites de nossas aspirações, levando em conta o que já possuímos" (3, X, pp. 307-308). O que equivale a dizer que prestamos atenção não tanto às causas, mas aos efeitos, por serem os únicos acessíveis à nossa natureza. Mas, considerando "a fraqueza de nossa condição" (2, XX, p. 361), não podemos apreciar tal exercício de maneira simples ou cristalina, na medida em que ele pressupõe a mistura, a opacidade:

Os elementos de que usufruímos são alterados: assim, para podermos utilizar os metais — e, até mesmo, o ouro —, eles devem ser misturados sempre com outros de menor valia (ibidem).

A arte consiste em alterar a natureza; ela é precisamente o uso enquanto este é alterado. Eis o motivo pelo qual ela é uma atividade eminentemente humana, à medida do homem, da mão do homem que fabrica algo.

Agir sobre os efeitos por incapacidade para determinar suas causas, levá-los a variar indefinidamente, em uma só palavra, agir, fazer. Em seu elogio aos lacedemônios, Montaigne insiste sobre o fato de que eles estavam "em" ação: "Em Atenas, aprendia-se a falar corretamente; lá, a agir" (1, XXV, p. 210). Montaigne identifica-se bastante com o homem prudente descrito por Aristóteles: aquele que considera a ação como critério de justiça; a ação singular que é sua própria norma; uma ação que, em seu bojo, traz sua norma sem impô-la.

Do devir ao ser: "estando fora do ser, não temos nenhuma comunicação com o que é" (1, III, p. 106). Não nos tornamos o que somos a partir de um ser preexistente, mas somos antes de tudo devir, "em estado de vigília, dormimos, e durante o sono não vemos com nitidez" (2, XII, p. 302), tolhidos na inconstância de nossos afetos e na variedade das coisas. O devir transforma-nos em seres de transição que se encontram em movimento permanente; ora, quando pensamos *ser*, isso não passa de uma atomização pontual do devir sob uma forma que, no preciso momento em que se realiza, desaparece. O atomismo de Lucrécio assume aqui todo o seu valor: além de indicar a ideia de uma passagem permanente de uma forma para outra — aspecto que Heráclito por si só permite detectar —, ele refere-se sobretudo à plena realização efêmera de cada uma das formas das quais nenhuma está em adequação com a mente, nem é semelhante a esta, visto que não temos acesso à essência das coisas:

> As coisas não se alojam em nós com sua forma e sua essência [...] (2, XII, p. 275).

E nós próprios estamos longe de ser o modelo da forma porque, se "qualquer homem traz em si a forma da condição humana" (3, II, p. 153), convém prestar atenção, como foi sublinhado por André Tournon, sobretudo à palavra "condição", e não tanto ao termo "forma": a *forma*, aqui, não é forma do homem, ato do ser ou enteléquia. O universo aristotélico não é, aqui, predominante. A forma é, de preferência, um quadro indeterminado para uma vida concreta, submetida à condição. A própria palavra "condição", dotada de valor jurídico, remete "tanto ao resultado de uma convenção [...], quanto a uma ordem instaurada".[3]

Para quem descreve o homem sem pretender formá-lo, só resta variar as situações da vida para levar a compreender a "condição" humana. O exercício, muito mais do que uma transcendência qualquer, *faz* o que somos, mesmo que ele tenha o segredo de passar despercebido, enquanto exercício, no final de uma vida:

> Em suma, chego agora ao fim e não me sinto com disposição para mudar. Por efeito de um demorado exercício, essa forma transformou-se em minha substância, e o destino em minha natureza (3, X, p. 308).

---

3. Philippe Desan (org.), *Dictionnaire de Michel de Montaigne*, Paris, H. Champion, 2007, p. 188.

Como são maravilhosas tais metamorfoses do exercício! A substância, o ser resultam incontestavelmente do devir como exercício. O devir precede o ser e o fato. O exercício estabilizado impele a acreditar em uma substância, à semelhança do que ocorre na ordem das palavras: um uso recorrente leva a acreditar em uma definição. Além disso, a contingência constante, regular, toma o nome de natureza e faz com que seja esquecida como contingência.

O *nominalismo*[4] compreende-se a partir daí: como não temos nenhuma comunicação com o ser, somos incapazes também de exprimir adequadamente o ser e as coisas:

> Há em tudo o nome e a coisa. O nome é a palavra que designa e significa a coisa; o nome não é parte da coisa nem da substância, mas trata-se de uma peça externa juntada à coisa e fora dela (2, XVI, p. 319).

De esguelha, como é seu procedimento habitual, tal separação entre a coisa e o nome ocorre em um ensaio intitulado "Da glória" (ibidem, pp. 319-329). Com efeito, aplicado ao nome de Deus, o nominalismo de Montaigne indica que esse nome só pode servir ao louvor de Deus, em uma forma de dirigir-se a ele, mas de modo algum

---

4. O nominalismo de Montaigne foi analisado criteriosamente por Antoine Compagnon em sua obra *Nous, Michel de Montaigne*, Paris, Le Seuil, 1980 (em especial, pp. 22-31). O autor sublinha que Montaigne serve-se de argumentos semelhantes àqueles que haviam sido utilizados por Guilherme de Ockham (c. 1285-1347) — frade franciscano, filósofo e teólogo escolástico inglês, considerado o representante mais eminente da escola nominalista —, a começar pelo uso da "navalha de Ockham": evitar a multiplicação, sem necessidade, das entidades. A desconfiança de Montaigne em relação ao universal e ao conceito que lhe está associado, sua atenção extrema às coisas individuais em sua diversidade, a separação entre razão e fé, a não comunicação de si com o ser fazem parte do credo nominalista.

para qualificá-lo ou caracterizá-lo de uma maneira qualquer. Deus é onipotência e a ciência humana é incapaz de conhecê-la, nem pode glorificar-se de apreender uma ideia a seu respeito. Assim, a glória convém unicamente a Deus ou, de preferência, a seu nome, através do qual o invocamos. Mas o fato de que os nomes sejam arbitrários, sem valor declarativo, não significa que eles sejam destituídos completamente de valor. Como prova, Montaigne condena, entre outras, a colonização espanhola porque ela suprime os nomes:

[...] porquanto nessa conquista realizada de maneira tão extraordinária, tão espantosa, a devastação foi de tal ordem que até os nomes das localidades desapareceram totalmente [...] (2, XVIII, p. 357).

Sem ser depositário de uma essência, o nome o é, no entanto, de uma história: ele é uma das ferramentas pelas quais se faz o testemunho. O nome é vestígio não do ser, mas da ação humana; ele vai abreviá-la no condensado de algumas sílabas e, por conseguinte, é um poderoso auxiliar para descrevê-la.

3. *O sonhador distraído*

Somos sonhadores distraídos. O sono profundo dissipa os próprios sonhos que, sem nosso conhecimento, são enfatizados pelo estado de vigília. Não conseguimos livrar-nos das ilusões vivazes, dos devaneios que são sonhos de pessoas acordadas e "piores do que os verdadeiros" (2, XII, p. 302). Além disso, "conhecemos em sonho o que, na realidade, ignoramos" (ibidem, p. 226) e apreciamos o deus amor muito mais intensamente em poesia do que na realidade:

Na medida em que posso assegurá-lo, o poder e o valor desse deus apesentam-se mais vivos e animados na poesia do que em sua própria essência (3, V, p. 185).

Alguns depreciam o passatempo dedicado à leitura da poesia? A razão é que eles ignoram o valor tanto do passatempo quanto da poesia. E quem, tal como o rei Midas[5], abandona a vida por causa de um sonho não será aquele que lhe dá "o valor que ela realmente tem" (3, IV, p. 179)? A obra *A vida é sonho*, de Calderón de la Barca[6], teria sido apreciada por Montaigne, assim como *Alice no País das Maravilhas*, de Lewis Carroll, ou *Viagens de Gulliver*, de Jonathan Swift. Toda essa literatura mostra uma estreita afinidade com Montaigne, com sua descontinuidade e seu profundo respeito pelo mundo onírico:

> Confesso que não conheço nada, somente em sonho e por desejo, em que eu possa fixar-me (3, IX, p. 291).

4. Causas e razões

Como admitir a necessidade de eximir-se de dar sempre razões? Existem experiências humanas que são válidas por si mesmas, aliás, obscurecidas por qualquer explicação, no sentido de um desdobramento das razões. "Porque era ele, porque era eu" (1, XXVIII, p. 246): eis a fórmula

---

5. Rei da Frígia. Diz a lenda que, ao ser acolhido favoravelmente seu desejo — transformar em ouro tudo aquilo que tocasse —, ele acabou morrendo pela impossibilidade de se alimentar: ao tocar os alimentos, eles se transformavam em ouro.
6. Pedro Calderón de la Barca (1600-1681), dramaturgo espanhol, cuja peça mais célebre é *A vida é sonho* (1636): "Neste mundo, todos os vivos sonham", diz Basílio no ato II, cena 1.

da amizade com La Boétie, e a razão se esquiva quando procura exprimir-se, um tanto à semelhança dos "porque" dados às crianças. A cesura no hemistíquio e o alexandrino perfeito inscrevem essa frase no registro de um discurso poético a declamar ou recitar, mas que prescinde da apresentação de qualquer justificativa. Existem, aliás, "conversadores agradáveis" que pretendem apreender as causas; seria preferível formular a questão de saber se as coisas se fazem, e não como elas se fazem. No domínio político, como reconhecer as "oportunidades justas"? Convém exercer um julgamento sensato, por intermédio do qual a consciência remova suas máscaras, em vez de um raciocínio ao qual é possível opor sempre outro raciocínio.

A disparidade entre o julgamento e o raciocínio marca, em Montaigne, sua grande ruptura com Aristóteles. O julgamento não prepara o raciocínio, enquanto o raciocínio não se subordina ao julgamento, aliás, um e outro estão separados:

> A ciência e a verdade podem alojar-se em nós sem que as saibamos julgar, e o julgamento pode também estar aí sem elas (2, X, p. 153).

O raciocínio utilizado pela ciência e pela verdade pode perder seu discernimento relativamente às premissas em que se baseia; nesse sentido, ele "carece da faculdade de julgar", e o julgamento desligado da cadeia dedutiva pode existir sem raciocínio.

A mente dispõe de uma grande "flexibilidade" para "forjar interpretações a toda espécie de sonhos" (3, XI, p. 326). Apesar de não ser negativo, seria presunçoso elaborar construções mentais para um decalque do real ou da crença. Demócrito, tendo comido figos que sabiam a mel, procura mentalmente a causa de tal doçura e descobre o quanto essa causa é ridícula: os figos tinham sido servidos em um prato que, por ter sido mal lavado, ainda continha mel. Mas, à semelhança de sua irritação, a busca das causas pode ser destituída de verdadeiro objeto; assim, Demócrito continua procurando

> a causa como se fosse natural e certamente não deixou de encontrar uma razão qualquer com aparência de verdadeira a fim de explicar um efeito falso e que só existia em sua cabeça (2, XII, pp. 233-234).

Em suas elaborações, a mente afasta-se de um discurso do ser e, ao mesmo tempo, de uma revelação das crenças. "Não podemos estar seguros da causa principal; então, amontoamos várias" (3, VI, p. 226); e, muitas vezes, elas são fúteis. As causas de nossa ação podem estar em tal desproporção com ela que é impossível "sem corar" revelá-las a tal ponto elas são "frívolas" (3, X, p. 314). Na maior parte do tempo, elas estão fora de nosso alcance, ao encontrá-las parecem-nos ridículas e, às vezes, torna-se perigoso procurá-las: como os primórdios das sociedades são violentos, o fato de prestar atenção a essa violência inaugural pode engendrar um transtorno na observância das leis do país que nos viu nascer. Os Estados despendem todos os seus esforços para esquecer a violência que lhes permitiu a aquisição do poder; além disso, alguns autores — tais como Maquiavel — aconselham o príncipe a exercer, desde o início de seu governo, todas as arbitrariedades e, em seguida, a ficar vigilante para que elas sejam esquecidas mediante medidas brandas, cuja moderação é a única atitude suscetível de garantir a conservação do poder.

É demasiado imprudente pensar que seja possível reduzir a parte da sorte em proveito de nossas deliberações, além de ser totalmente inútil pretender "abraçar causas e consequências, e conduzir pela mão o avanço de seu empreendimento" (3, VIII, p. 251). O povo procede bem ao não "preocupar-se em procurar as causas" (2, XVII, p. 349), uma vez que faz o que lhe ordenam; como ele se deixa facilmente "convencer e guiar [por seus chefes] quando se trata de crenças e expectativas" (3, X, p. 310), convém, na opinião de Montaigne, retirar-lhe qualquer iniciativa. Ao falar de "povo", Montaigne parece referir-se, de preferência, à multidão, porque os camponeses — por fazerem parte efetivamente do povo e, provavelmente, não da multidão informe que se deixa enganar pelos sonhos dos reformadores — têm costumes "comumente mais conformes aos princípios da verdadeira filosofia que os de nossos filósofos" (2, XVII, p. 353).

5. Natureza e costume

A vida em si mesma é informe, dotada de uma essência irregular, mas os costumes "dão forma à nossa vida a seu gosto" (3, XIII, p. 362; III, 13, 1080 B) e incumbem-se de operar todas as metamorfoses da natureza, introduzindo nela o princípio da diversidade:

> Um alemão ficará doente se dormir em colchão; o italiano sente repugnância pelas penas; e o francês não passa sem cortinas, nem lareira (ibidem, p. 361).

Se os costumes se contentassem unicamente em dar forma, eles seriam um princípio de invariância; ora, graças ao princípio da diversidade, eles predispõem "para as mudanças e para a variação, ou seja, a melhor aprendizagem que podemos fazer" (ibidem, p. 362; III, 13, 1083 B). Os costumes, em seu papel de formação, estabelecem regras, mas o despertar do "vigor" para "um homem jovem" decorre apenas de seu empenho em "perturbar" tais regras. Se, ao lhe darem uma forma, os costumes lhe conferem o ser, resta-lhe ainda aprender a viver e não apenas a ser. Ora, isso faz-se pela maneira como ele consegue "aplicar a inteligência de diversos modos" (3, III, p. 163; III, 3, 818 B). De acordo com Georges Canguilhem, a pessoa saudável é aquela que tem a capacidade de modificar as normas[7], enquanto o doente é aquele que conserva a mesma norma, sem poder modificá-la. O instinto de conservação é um princípio de sobrevivência e não de vida:

> Prender-se a uma só ocupação é ser, mas não é viver. As mentes mais bem-dotadas são as mais versáteis e receptivas (ibidem).

Para existir nessa vida rica sob várias formas, a melhor solução consiste tanto em naturalizar a arte, em vez de "artificializar a natureza" (3, V, p. 209), quanto em procurar "simples efeitos de natureza sem artifícios", conduzindo seus *Ensaios* por "acaso" e de acordo com a sorte, e não pela arte (3, II, pp. 152-153).

Enfim, o qualificativo "natureza" deveria ser atribuído ao que ocorre com regularidade e não ao que é raro ou extraordinário: desse modo, a expressão "morte natural" é inapropriada pelo fato de que é bastante raro morrer na cama por simples efeito de ter atingido uma idade avançada; o mais corrente é efetivamente a morte violenta, na sequência de uma queda de cavalo ou de qualquer outro acidente semelhante. Assim, considerando que tais acidentes são numerosos, recorrentes, regulares,

---

7. Georges Canguilhem, *Le Normal et le pathologique*, Paris, PUF, 1963 [ed. bras.: *O normal e o patológico*, Rio de Janeiro, Forense Universitária, 1990].

eles merecem plenamente ser chamados "naturais". Nesse aspecto, desaparece totalmente a fronteira entre o costume recorrente e o que é natural: eles compartilham as características da constância e da regularidade.

Na relação com as coisas exteriores a nós, é difícil dizer o que depende exclusivamente da natureza e o que é da alçada exclusiva da arte, de tal modo o ser humano dirige sua ação sobre os efeitos circundantes; assim, é difícil afirmar que, em seu entorno, algo possa escapar de sua atividade. O homem constrói constantemente; desse modo, ele deseja ver, em breve, suas construções como discurso do ser ou verdade do acreditar. Ora, no que diz respeito ao ser e à crença, ele baseia-se no que é falso sempre que pretende apreender o que é verdadeiro. Por outro lado, convém ver o aspecto "veemente" que existe nos andaimes de sua mente, além de reconhecer, ao lado desses andaimes, a parte peculiar do eu, da consciência e da razão.

III
A mente veemente

A mente é frágil no sentido de que tem necessidade de obstáculos, de obstáculos adventícios. Sozinha, ela perde-se, destrói-se. [...] O único remédio para a loucura é a inocência dos fatos.[1]

Jacques Rivière, "Carta para A. Artaud de 25 de março de 1924", in Antonin Artaud, *L'Ombilic des limbes*, Paris, Gallimard, col. "Poésie/Gallimard", n. 33, 1968

1. A mente, o eu, a consciência

A presença da palavra "mente" [*esprit*] é recorrente nos *Ensaios*; no entanto, não chega a absorver outras noções como o eu, a consciência ou até mesmo a razão. Cada uma dessas noções tem seu contexto de utilização: se a mente vai em direção ao exterior, o eu perscruta o interior, a consciência torna-se voz em nós e a razão aprofunda, por sua extrema flexibilidade, os contrários.

---

1. Meu agradecimento a Omar Berrada, que chamou minha atenção para esse trecho.

Falar de mente em movimento é uma tautologia: *veh* (movimento), *mens* (mente), a mente veemente. O ser humano tem em sua posse a suposição e a conjetura, não a ciência nem a verdade; ora, a própria conjetura serve apenas para exercitar a mente, e não para estabelecer a verdade. Quando os homens encontram-se em uma "agitação desordenada" — ou seja, na maior parte do tempo —, "eles entregam-se com toda a sua vontade e veemência a tudo o que desejam e empreendem" (3, X, p. 304). Tal maneira de ser fora de si faz com que o indivíduo procure situações em que "há trabalho penoso e obrigatório" (ibidem). As ações que impelem os homens "atrás de uma ideia inalcançável, são atos doentios e prejudiciais" (ibidem, p. 309). Trata-se, portanto, de ser parcimonioso em relação a esse tipo de ações e de desenvolver aquelas que são "mais próximas de nós e contíguas".

2. As dificuldades

A mente não é o eu, mas um "ele" que se deixa arrastar pelas razões que são objeto de sua procura quando, afinal, ele só tem valor por suas buscas, por suas "investigações", e de modo algum pelas verdades totalmente imaginárias nas quais pretende aferrar-se. A mente apodera-se das dificuldades e permanece enredada em sua armadilha à força de querer desvencilhar-se dela. Aristóteles — "que trata de todos os assuntos" (I, 3, p. 106) — limitou-se a propor suas teses como "um osso a roer" pela mente:

> Por que razão, além de Aristóteles, a maioria dos filósofos requintaram em apresentar todas as questões obscuramente, senão para ressaltar até que ponto elas

são ociosas e para distrair a curiosidade de nossa mente, dando-lhe ossos vazios e sem carne para roer? (2, XII, p. 231).

Assim procede a atividade mental que se obscurece e "soterra a inteligência" sob o peso da autoridade dos "doutores". Existe "uma enfermidade natural" da mente que os homens ignoram: a mente "limita-se a fuçar, conjeturar e enredar-se em sua agitação, como nossos bichos-da-seda, até se afogar nela" (3, XIII, p. 351). As dificuldades não se encontram na "aparência de clareza" da verdade que se pretende descobrir, mas no próprio caminho de acesso a ela; enquanto a mente se acerca da "verdade imaginária, surgem tantas dificuldades, empecilhos e novas pesquisas que ela fica atordoada e se extravia" (ibidem). Vejamos o exemplo das palavras: quanto maior for a perspicácia em aprofundar suas sutilezas, seu número aumenta na mesma proporção, em vez de se reduzir. Por que não nos contentamos em falar como Sócrates, que "se exprimia de um modo natural e simples; assim fala um campônio, assim fala uma mulher" (3, XII, p. 327; III, 12, 1037 B)? Pelo contrário, a dispersão, a escolha dos "vocábulos solenes" (3, XIII, p. 350) dissipam a clareza:

> [...] ensina-se aos homens [...] a estenderem e diversificarem as dificuldades; estas ampliam-se e dispersam-se (ibidem).

A linguagem assemelha-se ao argento-vivo [mercúrio], que as crianças esfarelam em vários fragmentos à força de pressioná-lo; o metal dispersa-se em gotas incontáveis, enquanto a linguagem perde sua vivacidade, seu tom coloquial.

A dificuldade é também enorme quando a mente limita-se a seguir suas próprias digressões:

> É um espinhoso empreendimento, e mais difícil do que parece, acompanhar a mente em sua marcha tão insegura; penetrar as profundezas opacas de suas dobras internas; selecionar e fixar tantos incidentes sem importância e agitações diversas (2, VI, p. 130).

Com efeito, agitada e preocupada por tudo, salvo pelo eu, a mente deve ser reprimida para ser reconduzida ao tema inútil que é o eu, mas cujo "conhecimento" está longe de ser fútil. A mente fica totalmente fora dos eixos quando persegue algo diferente de si:

> Não somente ouso falar de mim, mas ainda falar só de mim; e quando escrevo sobre outra coisa, extravio-me e esquivo-me do assunto (3, VIII, p. 257).

Eis o motivo pelo qual Montaigne procura incansavelmente "dar a maior satisfação a sua mente" de modo que possa "repousar-se e concentrar-se em si mesma" (1, VIII, pp. 118-119), evitando que ela "caracole como um cavalo em liberdade" (ibidem, p. 119). A mente humana, por natureza, é veemente, está sempre fora de si, para esquivar-se à asfixia, a qualquer tipo de obstrução; nesse caso, é importante opor-lhe "as barreiras mais estreitas possíveis", permitindo "delimitar com arte o terreno de sua caça" (2, XII, p. 273). Mas se a veemência da mente é a do cavalo em liberdade, sua energia é a do cavalo que se conhece "pela maneira brusca de estacar o galope" (1, IX, p. 120), sem prolongar inutilmente uma narrativa com relatos enfadonhos da memória.

3. O eu e o meu

Trava-se, assim, como que um combate entre a veemência da mente e a vaidade, o vazio do eu: a primeira escapa-se sempre, uma vez que, por si só, circunscreve-se apenas ao "terreno vago da imaginação" (1, VIII, p. 118), produzindo ilusões, "semelhantes às quimeras de um doente" (Horácio, citado em ibidem); por sua vez, o outro, o eu, reconduz a mente, refreando-a, reprimindo-a, forçando-a a reconsiderar seu procedimento, a refletir, "esperando, com o decorrer do tempo, infundir-lhe vergonha" (ibidem, p. 119). O eu efetua tal reconsideração a fim de proceder à análise completa do vazio que ele é; ser para si mesmo "argumento" e "tema" é insuficiente para garantir a consistência ao eu. Este não é uma substância, nenhuma forma lhe é inerente.

Quando Montaigne afirma: "Tomei a mim mesmo como objeto de análise", é pelo fato de estar "desprovido e vazio de qualquer assunto específico" (2, VIII, p. 135; II, 8, 385 A). Nesse caso, o vazio nada tem de assustador; muito pelo contrário. Não se trata também do vazio da falta de autoestima: Montaigne não se rebaixa, nem se amesquinha, mas limita-se a observar o vazio que ele é. É um vazio privativo; no entanto, tais privações são outras tantas características negativas da liberdade. O "recanto"[2] — em que "estabelecemos nossa verdadeira liberdade e que se torna nosso principal retiro, deixando--nos absolutamente sozinhos", aquele em que realizamos "uma conversa informal conosco mesmos" (1, XXXIX, pp. 283-284; I, 39, 241 A) — está ao mesmo tempo privado de contatos, de comunicação, de mulher, de filhos, de bens, de criados, "de maneira que, se um dia, eles nos faltarem, não nos custe demasiado tal carência" (ibidem,

---

2. No original, *arrière-boutique*, literalmente: "fundos da loja". [N.T.]

p. 284). Esse recanto é tudo salvo uma retirada do mundo [*arrière-monde*].

O eu privado no sentido de eu singular tem igualmente o sentido da privação, "observador falho de saber, magistrado sem jurisdição" (3, IX, p. 303; III, 9, 1001 B); ele instrui sem julgar, situando-se sempre em relação à experiência e nunca se referindo às formalidades judiciais. Está em condição de busca e não de posse. O eu procede à análise completa do vazio que ele é para contrariar a veemência da mente, de modo que sua pintura limita-se a exprimir sua falta de ciência: eis o motivo pelo qual Montaigne pode dizer que exibe "sua ignorância com opulência", porque "não trata de nada expressamente" (3, XII, p. 343). A mente volta-se para fora, enquanto o eu olha para dentro. Há certamente vaidade nos dois casos, mas aquela que olha para si vai manifestá-la em menor grau pelo fato de que "seu campo de visão é mais restrito" (3, IX, p. 303; III, 9, 1001 B). Ao fazer sua própria descrição, Montaigne indica o quanto o assunto é "estéril e pobre", além de que seus atos são marcados pela "insignificância" (2, XVIII, p. 355). O eu é vaidade, mas trata-se de uma vaidade bastante paradoxal, porque ele aparece como "um muro [erguido] sem pedras" (3, II, p. 153), um nada que tem a propriedade bem singular de segurar-se por si só:

> Haverá na Natureza algo, fora do homem, que seja sustentado pela inanidade e sobre o qual exerça seu poder? (3, IV, p. 179; III, 4, C, 839).

Além de estar certamente vazio, o eu encontra-se sempre em seu lugar, como ocorre com "os corpos pesados e maciços" (3, II, p. 157; III, 2, C, 811); trata-se de um eu que se forja a si mesmo, sabendo que terá de desfazer o que fez, considerando que, por natureza, seu "arcabouço" é imperfeito. Se ele tem desejo de se conhecer, é porque "nada deseja" (3, V, p. 184; III, 5, C, 847). Nesse sentido, Sócrates, cumulado sempre de elogios, dá várias lições acerca desse nada cobiçado, desse vazio feito em si, no qual não há espaço para os lugares-comuns, nem sequer para o senso comum; o espaço que resta a ocupar é o do bom senso, mas, à semelhança da virtude, este não pode ser ensinado. Sua força consiste em converter em coisa aceitável o que, inicialmente, se apresenta como incômodo. Tal conversão é uma mudança de aspecto: por "alguma condição ou acidente", a coisa deixa de ser menos incômoda, em razão da "vaidade", ou seja, do vazio, da "atitude humana" (ibidem, p. 190; III, 5, B, 852).

Os *Ensaios* são um livro orgânico que faz Montaigne tanto quanto o autor o faz; ele confere-lhe progressivamente uma forma sem nunca ter chegado a concluí-lo, uma forma ou um eu indefinidamente esboçado. Aquele que afirma: "O ritmo da minha pluma tem de coincidir com o dos meus pés" (3, IX, p. 293; III, 9, 991 B), realiza o trabalho de costurar os dois projetos: o de escrever sobre si e o de fabricar o si; assim, a dissociação entre ambos só ocorre pela ação daqueles que, em vez de se exprimirem a "si mesmos", "falam de certos assuntos" (ibidem), ou seja, envolvem-se com o conhecimento de tudo o que, além de não ser o si, acaba por obscurecê-lo.

A dificuldade de se exprimir é, aliás, proporcional ao lucro que se retira daí: "Não há descrição mais difícil do que a de si próprio, nem mais aproveitável" (2, VI, p. 130). Nela reside toda a sua "metafísica" e toda a sua "física" (3, XIII, p. 355). Rousseau evocará esse trecho ao escrever, no prefácio de sua obra *Discurso sobre a origem e os fundamentos da desigualdade entre os homens* (1756)³, que "o mais útil e o menos avançado de todos os conhecimentos humanos me parece ser o do homem", acrescentando o seguinte: "E ouso dizer que por si só a inscrição do templo de Delfos continha um preceito mais importante e mais difícil que todos os volumosos livros dos moralistas." Mas, em relação a Montaigne, Rousseau limita-se a conservar o vínculo entre a utilidade e a dificuldade do conhecimento de si. Ele afasta-se de seu predecessor ao identificar o conhecimento de si com o conhecimento do homem, como é o caso desse trecho, e como ocorre em sua obra *As confissões* (1764-1770), na qual ele volta a identificar o conhecimento de si com o do homem:

> Quero descrever um homem em toda a verdade de sua natureza; eu serei esse homem.⁴

Ora, Montaigne mostra interesse por Michel, sem identificar de modo algum Michel com o homem. Sua "metafísica" e sua "física" (3, XIII, p. 355) têm como único objetivo o estudo dele mesmo, com exclusão das causas longínquas do mundo e do homem. O estudo da metafísica e da física, recebidas de Platão e de Aristóteles, permite apenas "queimar as pestanas" (1, XVI, p. 211; I, 26, 146 A), ou seja, exercitar a mente, incentivá-la sem a possibilidade de se conhecer como o intelecto de fulano ou sicrano, a despeito da afirmação do Estagirita segundo a qual ele visa "a alma, não mais do homem enquanto homem, mas do homem que se chama Cálias".⁵

---

3. Disponível em: <http://www.dominiopublico.gov.br/download/texto/cv000053.pdf>. [N.T.]
4. Jean-Jacques Rousseau, *As confissões*, São Paulo, Edipro, "Clássicos Edipro", 2008.
5. Aristóteles, *Metafísica*, Livro I, São Paulo, Abril Cultural, col. "Os pensadores", 1984, p. 12.

No nível prático, ao sermos intimados a escolher sem que nenhum caminho nítido se apresente à nossa frente, é preferível empreender a via mais habitual. Eis uma maneira de contornar a dificuldade, sem ter a presunção de enfrentá-la em melhores condições do que os outros:

> Eis por que, na incerteza e na perplexidade infundidas por nossa incapacidade para discernir e escolher o mais cômodo, em virtude das dificuldades e acidentes inerentes a todas as coisas, o mais seguro, quando outras considerações a tanto nos levam, é, em minha opinião, adotar o partido em que houver mais honestidade e justiça (1, XXIV, p. 196).

No entanto, o "meu" é completamente diferente do "eu": não está vazio, mas é feito de empréstimos, de diversas apropriações. Os *Ensaios* constituem sua parte mais importante e visível. De acordo com Montaigne, eles são "o meu desígnio" (3, V, p. 209) que pinta perfeitamente sua imperfeição:

> A obra escrita alhures talvez tivesse sido melhor, mas menos a minha; e seu objetivo principal, bem como seu mérito, está em ser a minha imagem exata (ibidem).

O meu é o que é ingerido sem consciência nem afetação, e que acaba por tornar-se orgânico. Ele não é composto dessa camada acadêmica da formação que, inclusive no estilo, mostra suas linhas oriundas de escolas da "tagarelice" [*parlerie*]. O que ele conserva de suas aprendizagens é transformado em "discurso fortuito", cuja memória guarda apenas uma "miragem" dotada da consistência dos sonhos.

4. As máscaras da consciência

Desse modo, a clareza à qual se pretende chegar pela mente não passa de presunção, ou seja, o mais elevado grau da vaidade. A mente avança sempre "além de suas forças [...]; e alimenta-se de admiração, de buscas, de dúvidas [...]" (3, XIII, p. 351), ignorando assim "a ordem e a medida" (2, XII, p. 272), dirigindo-se para a glória que é nossa morte.

A mente é transtornada pelas sutilezas dos gramáticos (2, XII, p. 247) e seu esforço de elucidação só consegue encontrar seu elemento na maneira irresoluta de falar: "Que sei eu?". Como será possível que os homens se dilacerem entre si na interpretação do termo *hoc* (ibidem), o qual perde sua função lógica de designação direta para ser encoberto por todas as obscuridades que envolvem o mistério da Eucaristia? (3, XIII, p. 352).[6]

A palavra "consciência" aparece sob a pena de Montaigne quando ele fala da perturbação engendrada pelas "novidades"[7] religiosas, em suma, pela *revolução protestante*. Se a mente tem suas veemências, a consciência tem seus tormentos contra os quais ela trava uma luta contínua, de tal modo que, ao movimento incessante para o

---

6. "Hoc corpore, hoc sanguine meo est" (Isto é meu corpo, isto é meu sangue): tal é a fórmula utilizada por Jesus para apresentar o pão e o vinho aos discípulos, e da qual a Igreja Católica extrai o dogma da Presença Real (chamada também "Transubstanciação"), a do corpo e do sangue do Cristo "sob as espécies do pão (hóstia) e do vinho" na celebração da missa. Os promotores da Reforma rejeitam esse dogma, atribuindo um valor metafórico a tal enunciado: "Isto é *como* meu corpo, isto é *como* meu sangue." Esse foi um dos motivos mais importantes das guerras de religião que dilaceraram a França.

7. No original, *nouvelleté*: trata-se da *nouveauté* (novidade) trazida pelos protestantes em matéria de religião. Cf. *Les Essais*, Livro II, trad. em francês moderno do texto da edição de 1595 por Guy de Pernon, p. 32, nota 5. Disponível em: <http://epicurienhedoniste.blogspot.com.br/2012/07/montaigne-les-essais.html>. [N.T.]

exterior que corresponde ao da mente, a consciência opõe a tensão do esforço para manter-se fora dos golpes da sorte que a atingem. Eis o motivo pelo qual ela pode reivindicar a virtude, que, contrariamente à bondade, supõe combates para superar obstáculos. A virtude não é, à semelhança da bondade, uma questão de temperamento ou de feitio, mas depende inteiramente do esforço da consciência; esta avalia-se quase sempre por contraste, como no caso em que determinado indivíduo serve-se de uma máscara para se dissimular diante dos semelhantes. Como se disfarçar para deixar de aparecer como católico entre os protestantes e vice-versa?

Montaigne relata uma cena vivenciada por ocasião de uma viagem. Ele encontra um homem do partido contrário ao seu — portanto, um protestante —, mas este não confessa tal filiação e vive sob a ameaça de ser reconhecido, em cada instante, pelos partidários do rei:

> [Nosso companheiro de jornada] estava tão apavorado, eu o via tão desfalecido cada vez que deparávamos com alguns grupos de cavaleiros ou que atravessávamos cidades do partido do monarca, que acabei adivinhando que seus temores provinham de uma consciência intranquila (2, V, p. 122).

A consciência tem, portanto, uma voz, como dirá mais tarde Rousseau; ora, essa voz é um tribunal interno que nos condena de maneira invisível, denunciando-nos com suas "fúrias vingadoras" (ibidem). A consciência acompanha-nos por toda parte e, sem tréguas, coloca-nos diante de nossas perversidades. Mas é ela também que dá à alma a confiança necessária para empreender sem receio seus desígnios: em vez de distribuir punições, esse tribunal interno administra a justiça, permitindo nossa correção quando, sem má-fé, fortalecemos nossa razão.

Ao revelar o remorso e a perturbação em que nos encontramos, ele não oscila para o lado do arrependimento, apesar da atitude dos jansenistas, horrorizados, um século mais tarde pelo capítulo com esse nome (3, II), no qual Montaigne diz que, se isso fosse possível, teria apreciado reviver as mesmas coisas, segundo as mesmas disposições. Sua consciência leva-o a contentar-se consigo mesmo, porque ele só se "arrepende raramente" por não ser "anjo", nem "animal" (ibidem, p. 153); aliás, ela dá testemunho em seu favor relativamente ao mal que ele havia sido capaz de evitar (ibidem, p. 154).

5. *Maneira [de dizer] e matéria*

> Não basta ver a coisa, o importante é a maneira como vê-la (1, XIV, p. 147).

A mente carece de forma, de maneira de dizer as coisas; ela está inteiramente do lado da matéria, dos assuntos que aborda e aos quais não consegue dar uma forma resolutiva. Certamente, ela pode servir-se das formas acadêmicas, tais como o silogismo[8], mas estas constituem, com bastante frequência, empecilhos e convém não levá-las a sério, tanto mais que o próprio Aristóteles transmitiu suas lições de outro modo. Mesmo que o Estagirita tivesse apresentado, inclusive formalmente, em seu tratado os *Analíticos posteriores*, todas as condições para elaborar uma dedução correta de maneira silogística, ele

---

8. Trata-se de um raciocínio que, canonicamente, é constituído de três proposições declarativas. Elas conectam-se de tal modo que, a partir das duas primeiras, chamadas premissas — *maior* e *menor* —, incluindo um meio-termo, é possível deduzir uma conclusão. Por exemplo: Todo homem é mortal (*premissa maior*)/ Sócrates é homem (*premissa menor*)/ Sócrates é mortal (*conclusão*).

acabou utilizando — em suas demonstrações na física, na meteorologia e na biologia — silogismos truncados, analogias, exemplos erigidos ao nível de um paradigma, ou seja, outros tantos meios pouco conformes à teoria da ciência estabelecida nessa obra. As buscas do intelecto não têm "forma nem fim" (3, XIII, p. 351) e, quando ele "toma de empréstimo determinada matéria", acaba "piorando" (3, VIII, p. 256) frequentemente a forma.

O eu, em compensação, está inteiramente do lado da maneira de dizer, da ação que dá uma "forma" [façon]: "Não se preste atenção às matérias que discuto, mas à forma que lhes dou", afirma Montaigne ao falar de suas citações tomadas de empréstimo aos autores da Antiguidade (2, X, p. 152). Tal maneira é, antes de mais nada, "reflexão", aliás, uma reflexão que nos reconduz sempre "às comodidades mais próximas de nós e às que nos são contíguas" (3, X, p. 309); ela está longe da forma como essência, posicionando-se de preferência do lado da "força e beleza das afirmações" (2, X, p. 153). Como o objetivo de Montaigne não é a "educação" do homem, mas "descrevê-lo" (3, II, p. 152), que tal descrição se sirva de uma maneira bela e consistente: "[...] aqui, não se trata da matéria, mas da maneira de dizer" (3, VIII, p. 247).

6. Sabedoria e loucura

Além da mente, existem o eu, a consciência e a razão; a sabedoria, por sua vez, percorre essas instâncias sem se dissolver em nenhuma delas. Assim, é insolúvel na razão: "sempre tão falha, manca e desajeitada" (2, XII, p. 278), demasiado tensa, esta deixa, uma vez distendida, o homem sem nenhuma bússola. Do mesmo modo que a razão pode estar demasiado tensa, a sabedoria pode também ter "excessos" e, nesse sentido, "tanto quanto a loucura, ela precisa ser moderada" (3, V, p. 180). Ela é totalmente insípida quando não sabe se adaptar à insipidez circundante. Montaigne já havia mandado pintar, nas vigas de sua *librairie*, a sentença de São Paulo:

> Ninguém faça de si uma ideia muito elevada, mas tenha de si uma justa medida, de acordo com o bom senso (Carta aos Romanos 12, 3).

Assim, trata-se de algo que não se deve procurar "aumentar" em si:

> O desejo de aumentar sua sabedoria e sua ciência foi a causa primeira da queda do gênero humano (2, XII, p. 200).

A esse propósito, Rousseau elaborará um verdadeiro tratado, o *Discurso sobre as ciências e as artes*, no qual ele mostra a correlação entre o desenvolvimento da ciência e o relaxamento dos costumes:

> Nossas almas se corromperam à medida que nossas ciências e nossas artes se encaminharam para a perfeição.[9]

Na Itália, Montaigne visitou Tasso[10] e ficou bastante impressionado com a loucura do grande poeta italiano.

---

9. Jean-Jacques Rousseau, *Discours sur les sciences et les arts* [1751], Paris, GF, reed., 1971, p. 41. [Em português: *Discurso sobre as ciências e as artes*. Disponível em: <http://www.dominiopublico.gov.br/download/texto/cv000012.pdf>. (N.T.)]

10. Torquato Tasso (1544-1595), autor também de *Cartas*, de *Diálogos* e do célebre poema *Jerusalém libertada*, terminado em 1575; ele ficou internado como louco durante sete anos, em Ferrara, cujo soberano, Afonso II, havia sido vítima de suas injúrias.

Como compreender que alguém que havia instigado tanto sua razão tivesse soçobrado na loucura? O motivo é que existe uma relação estreita entre loucura e razão:

> Quem ignora quanto é imperceptível a linha de demarcação entre a loucura e as inspirações mais ousadas de um espírito completamente livre, ou as resoluções que pode tomar, em dadas circunstâncias, uma virtude excepcional? (2, XII, p. 216).

Basta "uma meia-torção do tornozelo para passar de uma para a outra", operação que se designa especificamente como um *entorse*. A razão oscila pelo próprio fato de sua agilidade à maneira de um esportista que é mais suscetível do que outra pessoa a tal incidente.

Montaigne, no decorrer de sua viagem à Itália, vê — "sentindo mais despeito do que compaixão" — Tasso, cuja "rara aptidão para os exercícios da alma o deixou sem exercício e sem alma", ou ainda, cuja "tensa atividade da razão destruiu-lhe a razão" (ibidem, p. 217). Nesse caso, a loucura não vem de fora da razão, mas é de preferência resultado de seu desenvolvimento excessivo: prosseguindo seu caminho, sem escutar outras opiniões além da própria, a razão distende-se depois de ter atingido um grau excessivo de "tensão". Ela própria é capaz de sofismas, de acordo com a afirmação do filósofo prussiano Immanuel Kant (1724 -1804)[11], nomeadamente ao

---

11. Immanuel Kant, *Critique de la raison pure*, tr. A. Tremesaygues e B. Pacaud, Paris, PUF, LII, "Des Raisonnements dialectiques de la raison pure", p. 277: "Deverá então haver raciocínios que não contenham premissas empíricas e, mediante os quais, de algo que conhecemos inferimos alguma outra coisa, de que não possuímos qualquer conceito, mas a que, todavia, por uma aparência inevitável, atribuímos realidade objetiva. Tais raciocínios, quanto aos resultados, deverão antes chamar--se *sofismas*, de preferência a raciocínios, embora, devido a sua origem, lhes possa competir este último nome, porque não surgiram de uma

prosseguir sozinha seu caminho, sem estar à escuta da experiência, na crença de que suas construções se equiparam ao mundo e constituem sua tradução. A loucura peculiar à razão — aquela engendrada por ela — é tingida de presunção. Montaigne descreveu perfeitamente as "antinomias da razão pura" ao indicar o quanto a razão alimenta suas próprias discussões:

> Encontram-se várias questões na área das artes, cujo interesse limita-se ao fato de serem temas de controvérsia porquanto, fora desse clima, elas deixam de existir (3, IX, p. 267).

Essa razão é que, por exemplo, faz questão de estabelecer limites ao infinito poder divino, pretendendo conhecê-lo: a razão que "assedia" o poder divino e lhe "prescreve" limites reduz-se a "devaneios" e a "sonhos"; nesse caso, há motivos realmente para sorrir, visto que "são nossas sapiências", e não "nossas loucuras", que fazem "rir" (3, III, p. 167).

A razão que age assim e faz rir em virtude de seus devaneios não corresponde à razão em sua integralidade, mas é uma razão "de tipo particular" (2, XII, p. 244): é, poderíamos dizer, a razão dos visionários, dos videntes, tais como Swedenborg[12], o cientista sueco que pretendia comunicar-se com os mortos e contra o qual Kant concebeu a armadura da *razão pura*.[13] É também a dos solda-

---

maneira factícia ou fortuita, antes se originaram na natureza da razão." A palavra "sofismas" é grifada pelo próprio Kant [ed. port.: *Crítica da razão pura*, Lisboa, Fundação Calouste Gulbenkian, 2001].

12. Emanuel Swedenborg (1688-1772), autor de *Arcana Cœlestia*, obra publicada em vários tomos entre 1749 e 1756 [ed. bras.: *Arcana Cœlestia e Apocalipsis Revelata*, São Paulo, Hedra, 2008].

13. Ver o excelente estudo de Monique David Ménard, *La Folie dans la raison pure*, Paris, Vrin, 1990. A autora sublinha o aspecto alucinatório da ideia e o vínculo construído por Kant entre o ocultismo e o idealismo.

dos "ousados" cujas façanhas só são possíveis pelo fato de se colocarem, durante algum tempo, fora de si mesmos; diante de suas proezas e "voltando a si, eles são os primeiros a tremer de susto. Fato análogo se observa nos poetas que, transportados de admiração pelas próprias obras, não compreendem como foram capazes de produzi-las" (2, II, p. 109). O entusiasmo, "o estro", apoderou-se deles, passando os limites do juízo e da razão.

O homem encontra-se precisamente em uma extrema perplexidade diante desse instrumento que é a razão: esta "assume tantas formas que não sabemos qual escolher" (3, XIII, p. 348). O caráter próprio da razão consiste em construir permanentemente, e suas construções têm aparências bastante distintas; existem, portanto, outras formas da razão além dessa forma particular feita de presunção, praticamente estoica, de pretender rivalizar com o entendimento divino. Em virtude de suas múltiplas formas, ela pode ser "esticada, dobrada, ajustada a todas as circunstâncias e a todos os compromissos" (2, XII, p. 278): torná-la inflexível é perdê-la como demonstra o caso do poeta Tasso; por sua vez, "contorná-la" é saber utilizá-la evitando deixá-la oscilar de determinado ponto de vista para o contrário. Mas como obter a ciência desse recurso de contornar? Como transformar o que é "disponível e impreciso" (3, XI, p. 320) em um guia, para não dizer seguro, pelo menos constante, e avançar para essa forma "universal e natural" da razão que "expulsa de nós erros e surpresas" (2, XXX, p. 388)?

A resposta é fornecida pelo contexto, sem ser considerada como uma regra em si. No nível prático — por exemplo, na perplexidade —, ela consiste em escolher o

---

Kant, citado, na p. 84: "A loucura e o entendimento têm fronteiras tão mal desenhadas que é difícil avançar muito em uma dessas áreas sem fazer, de vez em quando, um breve reconhecimento na outra."

caminho habitual; por sua vez, no nível teórico, trata-se de admitir — diante de argumentos de pertinência semelhante — que nossas escolhas, seja qual for o argumento, são falíveis, provisórias, abertas a uma revisão que viria da razão, mas com a condição expressa de que tal razão saiba tirar proveito da sorte. Ao aceitar o que vem do exterior, a razão desenvolve-se em contato desse exterior sem soçobrar em sonhos que a precipitam em direção a seu contrário, a loucura. Se "não é raro a sorte apoiar-se na razão" (título do ensaio XXXIV, Livro 1, p. 270), não é interdito pensar também que a razão venha a apoiar-se na sorte. Então, com toda a certeza, existe um meio de reencontrar "o mais visível sinal" da sabedoria que é "uma alegria constante" (1, XXVI, p. 225).

7. A razão e o que vem do exterior

Enquanto a razão fixa suas convenções, é possível "construir à vontade" como demonstra o exemplo dos geômetras: desde que sejam aprovadas "suas hipóteses pré-admitidas" — ou, dito por outras palavras, os postulados —, eles podem "arrastar-nos para a esquerda e para a direita, e fazer-nos andar à roda segundo seu capricho" (2, XII, p. 258). Montaigne evoca aqui o método euclidiano pelo qual as demonstrações são empreendidas com base em postulados ou hipóteses da razão e axiomas, verdades evidentes por si mesmas. No entanto, convém sublinhar que, entre os postulados e os axiomas, nem sempre existe uma fronteira nítida em Euclides; assim, os axiomas podem ser "as hipóteses pré-admitidas" de que fala Montaigne. Mas há um limite para essa maneira de proceder. A dedução não é o único modo de raciocínio do homem: existem, igualmente, a indução, o exemplo, a experiência, a comparação, a analogia, a alegoria, etc. É impossível, por exemplo, deduzir a realidade a partir da razão. Nesse sentido, Montaigne não é um racionalista para quem exista coincidência entre o racional e o real; ele não o é à semelhança de todos os empiristas segundo os quais há sempre uma nova contribuição oriunda da experiência corrente ou, mais ainda, uma contribuição extraordinária, decorrente da graça divina.

Em Montaigne, existe uma exterioridade da razão relativamente ao dado tanto revelado quanto empírico: nos dois casos, a razão é *informada* do exterior, seja ele corrente ou extraordinário. Tratando-se de profecia, de poesia ou de ações extraordinárias, a razão é como que obscurecida, encoberta por uma alteridade radical. No entanto, exterioridade e alteridade não significam contradição: a razão não é destruída, mas simplesmente relativizada, ela continua a exercitar-se e suas lições são importantes; aliás, seria possível consentir a uma servidão que não seja a da razão? "[...] entendo não ser escravo senão da razão" (3, I, p. 145), no encalço da qual convém andar "constantemente" (2, XVI, p. 324) e que deve dobrar-se à "novidade", mesmo que esta seja monstruosa.

O dado raro, tal como a "criança monstruosa" (título do ensaio XXX, Livro 2, p. 387) com duas cabeças, não se explica como efeito nem de um castigo divino, nem de uma teleologia qualquer: por um lado, "o que denominamos monstros não o são perante Deus que vê, na imensidade de Suas obras, as formas infinitas que imaginou; por outro, existe efetivamente uma razão universal e natural" que "expulsa de nós o erro e a surpresa que a novidade provoca" (ibidem, p. 388). Nossa linguagem é heterogênea ao real: "o que denominamos monstros" não o é em relação às possibilidades da existência, nem mesmo relativamente a uma razão, cujo mister consiste em desafiar os preconceitos que submetem o possível ao real quando, afinal, este não passa de um dos aspectos do possível.

Além do dado exterior à razão, existem as modalidades desse dado que são apresentadas por Montaigne muito mais como uma "fortuna" no sentido polissêmico de acaso, risco, riqueza, Deus, natureza e, inclusive, da própria graça divina; com maior frequência, prevalece em relação a "*fortune*" o sentido de boa sorte e, às vezes, de má sorte. A razão estaria equivocada em revoltar-se contra essas modalidades de ação, ininteligíveis para ela, pelo fato de deparar-se frequentemente com a sorte [*fortune*] que, por definição, lhe escapa: "Não raro a sorte se apoia na razão", esse é o título do ensaio XXXIV, do Livro 1 (cf. p. 270). Seu ensinamento, com a condição de ser escutado pela razão, consiste em apresentar "os mais diversos aspectos" e em mostrar "que a parte da sorte é grande no caso não apenas da medicina, mas também de numerosos ramos do conhecimento humano" (1, XXIV, p. 195).

O acaso [*fortune*] pode desempenhar as funções tanto da justiça ao matar o assassino quanto da medicina ao favorecer, mediante um ferimento de combate, a ablação de um tumor maligno. Ele pode agir "tal qual um artista" ao conferir a marca do significante puro a uma obra humana:

> Constantino, filho de Helena, fundou o Império de Constantinopla, o qual chegou ao fim, alguns séculos mais tarde, no tempo de outro Constantino, filho de outra Helena (1, XXXIV, p. 270).[14]

---

14. Referência a Constantino I (274-397) e sua mãe, [Santa] Helena (247--336); e a Constantino XII Paleólogo (1405-1453) — morto ao defender Constantinopla contra Maomé II — e sua mãe, Helena Dragas.

Ficamos, então, como que espantados por subestimarmos a parte não intencional das obras do acaso que se realizam, aliás, "sem o conhecimento do próprio autor" (1, XXIV, p. 195). Enfim, a sorte não se esquiva do que parece depender exclusivamente de nós: a opinião, a prudência. Ela pode ter "uma melhor opinião que nós", levando-nos a escapar de nossos inimigos contra nossa vontade; e pode também superar "as regras da prudência humana" ao provocar a morte, por um motivo absolutamente particular, daquele que estava prestes a tirar a vida de um homem público. Quanto aos empreendimentos militares, não há quem ignore qual a parte da sorte.

Mesmo em nossos conselhos e em nossas deliberações, misturam-se sorte e acaso, pois nossa sabedoria dispõe de uma capacidade bem reduzida; e quanto maior for sua perspicácia e vivacidade, tanto maior será sua fragilidade, tendo razões para desconfiar de si mesma (ibidem).

Manifestemos confiança, visto que "nada de nobre se faz sem a obra do acaso" (ibidem, p. 196), ou, dito por outras palavras, sem riscos.

A habilidade notável de Montaigne consiste em considerar a graça divina como algo equivalente da sorte [*fortune*], em utilizar raramente a palavra "providência" e em sugerir que, em vários contextos, seria possível servir-se do termo "sorte", em vez de "graça". Ao afirmar que se deve reconhecer a contribuição da sorte, ele diz que isso ocorre por meio da graça divina:

> Tudo o que empreendemos sem Sua ajuda, tudo o que vemos sem a luz de Sua graça, não passa de vaidade e loucura (2, XII, p. 268).

Ao atribuir inteligência aos animais, Montaigne rompe definitivamente com a tradição aristotélica; tal postura permite-lhe, ao mesmo tempo, rejeitar a classificação de Sebond na qual o homem ocupava uma posição central. Observemos que, longe de projetar a razão humana nos animais, Montaigne procurou, de preferência, inscrever o homem na natureza, em vez de afastar o animal desta: "Muito mais do que humanizar a comunicação dos animais, Montaigne acabou por naturalizar a linguagem humana", comenta Marie-Luce Demonet--Launay.[15] Se o animal raciocina é porque, na natureza, existem raciocínios como que "implementados" no ser animado, algo como protorraciocínios. Montaigne cita o exemplo, extraído de Crisipo[16], do cão que procede por eliminação no momento de seguir um dos três caminhos possíveis para avançar ao encontro do dono:

> Esse cão fez o seguinte raciocínio: "segui as pegadas de meu dono até esta encruzilhada; ele tomou necessariamente um desses três caminhos; ora, não foi este, nem aquele; logo, infalivelmente, foi pelo outro" (2, XII, p. 192; II, 12, 463 A).

As marcas restritivas do raciocínio são indicadas pelos advérbios "necessariamente" e "infalivelmente"; existe lógica na natureza que é uma "professora digna de confiança" (ibidem).

---

15. Marie-Luce Demonet-Launay, "'Discours' et langage animal dans 'L'apologie de Raymond Sebond'", in *Le Parcours des Essais*, Paris, Aux Amateurs de Livres, 1989, p. 115.
16. Crisipo de Solis (280-204 a.C.), estoico, autor prolixo que — segundo Diógenes Laércio (200-250), historiador e biógrafo dos filósofos gregos da Antiguidade — teria escrito mais de setecentos livros; era fervoroso defensor do primeiro estoicismo, corrente fundada por Zenão de Cítio (333-263 a.C.).

Mente, razão, consciência, eu: Montaigne empreende o percurso diferenciado de todas essas noções, posicionando cada uma na perspectiva que possa lhe fornecer a melhor elucidação possível. A mente é apresentada em seu movimento para o exterior; o eu, no aprofundamento da inanidade interior; e a razão, em sua proximidade inquietante com a loucura por causa de sua extrema flexibilidade e de sua capacidade para oscilar de determinado ponto de vista para o contrário. Enfim, a consciência está envolvida em suas múltiplas máscaras que a perseguem frequentemente como se tratasse de um mau gênio.

Em vez de uma teoria das faculdades humanas, Montaigne oferece-nos uma série de descrições sutis de usos e de contextos chamados "psicológicos"; ele não procura revelar-se a si mesmo, mas tenta acumular as formas descritivas e heterogêneas do si.

Tais formas não assumirão a forma persuasiva da retórica ciceroniana, nem a do silogismo aristotélico, mas, como já vimos, a forma — múltipla — da conversa expedita e perspicaz que, de acordo com a pretensão de Montaigne, deveria assemelhar-se aos diálogos de Sócrates, das tabernas e dos camponeses.

IV
As escolas da tagarelice

> [*A natureza bem definida dos outros seres é refreada por leis por nós prescritas.*] *Tu, pelo contrário, não constrangido por nenhuma limitação, determiná-la-as para ti, segundo o teu arbítrio, a cujo poder te entreguei.*
>
> Giovanni Pico della Mirandola, *De hominis dignitate oratio* [Discurso sobre a dignidade do homem], 1480

Para a escolástica da Idade Média, Aristóteles transformou-se em Deus de tal modo que "é sacrilégio discutir seus conceitos [...]; no entanto, talvez, sua doutrina seja tão falsa quanto outras" (2, XII, p. 257; II, 12, A 539). Eis-nos, portanto, deixando séculos de aristotelismo pelo efeito de um discurso menos focalizado na glosa e no comentário, de uma palavra orientada de preferência para a descrição e para o acúmulo dos fatos, anódinos e estranhos sem deixarem de ser pertinazes, procedimento de que o século XVI pretende ser uma testemunha.

Em seguida, há a promoção de um homem, não tanto desenhado a partir de uma condição bem determinada, mas dado como informe, em suma, um homem a fazer.

"Somente pela palavra é que somos homens e nos entendemos" (1, IX, p. 121), mas essa mesma palavra não tem suas regras fixadas *a priori*. Se "não é preciso saber muito para formar uma mente sã", segundo Sêneca (citado em 3, XII, p. 329), nem "de muita ciência para viver a [seu] gosto" (ibidem), convém, no entanto, dar uma conferida às maneiras de falar porque está em questão a própria maneira de ser homem.

A conversação de Montaigne pretende ser "uma linguagem informe e sem regras, um jargão popular e um procedimento sem definição, nem partitura, inconclusivo" (2, XVII, p. 335), uma conversação expedita, consistente, nervosa, descosida, que não pretende glosar-se a si mesma, nem explicitar-se indefinidamente. Se, porventura, Montaigne adiciona algo — por exemplo, o Livro 3 —, não é para "corrigir" o que precede; as partituras dos *Ensaios* são tocadas de forma descontínua, "a propósito" e "fora de propósito", de acordo com a lógica da própria diferença, do "distinguo" (cf. 2, I, p. 100).

1. A *dúvida*

O ceticismo de Montaigne — cujo instrumento será a dúvida — não consiste em suspender o julgamento, nem em neutralizar um juízo por outro para demonstrar suas fragilidades. Ele está inteiramente na zetética, ou seja, a investigação que só é válida enquanto busca ou "tentativa" [*essai*] e cujo trabalho, por natureza, é indefinido: nunca está concluído o processo de converter nossa opinião presente que se considera "verdadeira e infalível" (2, XII, p. 276) em uma opinião falível e incorreta. Deus é o único "catedrático" que acha a solução. A "Apologia de Raimond Sebond" (ibidem, pp. 173-307) terá a difícil tarefa de lançar a dúvida sobre as novas opiniões da religião de Calvino[1], que, pelo fato de serem novas, têm a vivacidade das opiniões verdadeiras e infalíveis: a dúvida age contra a certeza dos protestantes, segundo a qual eles são justificados pela fé, ao indicar o quanto o homem dispõe de reduzidas condições para penetrar os desígnios de Deus; aliás, deveríamos deixar que este faça sua própria interpretação, lição de que há de se lembrar Rousseau em sua obra *Emílio*. Não interpretar Deus é evitar a mistura entre a opinião e a fé: qualquer seita, qualquer violência religiosa nasce dessa confusão entre fé e opinião. E, se convém duvidar de nossas opiniões, deixemos o registro da fé para o que é incompreensível e não interpretável.

Trata-se de evitar a conversa "por preceito e convicção" (3, XI, p. 323). Abordar as coisas pelo viés da questão e da irresolução, além de evitar a forma afirmativa: "Eu chego a odiar as coisas verossímeis se me são apresentadas como infalíveis" (ibidem). Os julgamentos de justiça opõem-se radicalmente ao método zetético de um Sócrates que "suscita sempre várias questões, provoca a disputa, mas nunca está satisfeito, nem lhe põe um ponto final" (2, XII, p. 232). Se "nascemos para procurar a verdade" (3, VIII, p. 247), seria uma grande presunção pensar que ela está em nossa posse. Com certeza, se acredito em algo, "eu o defendo e acredito nisso com toda a minha convicção"; no entanto, a quem já não aconteceu — "e não uma vez, mas cem, mil vezes e diariamente" (2, XII, p. 276) — ter acreditado em coisas falsas?

Assim, os processos de feitiçaria — numerosos, na segunda metade do século XVI — são denunciados por Montaigne com base em três razões conjugadas: 1) é raro

---

1. A Igreja Reformada na França, no século XVI, é essencialmente calvinista. Montaigne sublinha que as disputas teológicas sobre a expressão de Jesus "Isto é meu corpo" (cf. 2, XII, p. 247) estão fora do alcance da inteligência humana e, por isso mesmo, são estéreis e perigosas.

que o juiz disponha de todos os elementos para julgar; 2) diante de uma clara impostura, o juiz vinga-se, frequentemente no acusado, de sua própria tolice; 3) os feiticeiros deveriam ser considerados loucos, em vez de criminosos. Nesse aspecto, Montaigne opõe-se a Jean Bodin[2], o qual preconizava um processo judicial contra os juízes que, em seus veredictos, consideravam os feiticeiros como doentes e não como criminosos. Enquanto conselheiro da Câmara das Sindicâncias de Bordéus, encarregado de examinar litígios de direito civil em recurso, Montaigne estava acostumado à prática da análise dos argumentos opostos.

Compreende-se que, para Montaigne, uma das funções estratégicas da dúvida, aqui, consiste em abster-se, ou seja, nem refutar, nem dar seu crédito. Em numerosas oportunidades, ele insiste sobre esse aspecto aparentemente negativo, mas de uma total eficácia, apesar de invisível: abster-se de agir para evitar um mal previsto, em vez de precipitar-se para fazer um bem incerto.

A tradição é certamente transmissão, mas, como essa transmissão tornou-se autoridade, Montaigne — correndo o risco de confessar que não transmite nada — prefere eximir-se de qualquer tipo de autoridade:

> Não tenho autoridade para impor minha maneira de ver, nem o desejo, sabendo que sou demasiado mal instruído para instruir os outros (1, XXVI, p. 213).

Sua dúvida tem um efeito inverso ao de Descartes — como foi demonstrado perfeitamente por Albert Thibaudet —, já que não se trata de uma dúvida destinada a fixar o pensamento em um ponto consolidado e seguro:

---

2. O jurista Jean Bodin tinha publicado em 1580 um livro intitulado *La Démonomanie des sorciers* [A demonomania dos feiticeiros].

Para Montaigne, pelo contrário, o fato de duvidar não é pensar, mas pensar é que é duvidar; o prazer e o ato de pensar constituem o prazer e o ato de duvidar (Montaigne, p. 95).

2. A ignorância

"Demasiado mal instruído": Montaigne promove nada menos do que uma ciência da ignorância. As implicações dessa postura são importantes: frear o ímpeto da credulidade que participa dos "abusos do mundo" no sentido de que ela nos leva a falar "por preceito e convicção" (3, XI, p. 323) de coisas que, de fato, ignoramos. Uma coisa é respeitar a crença e a fé, e outra consiste em ceder à credulidade. Toda a nossa superstição baseia-se em um pseudossaber que recusamos confessar como ignorância, e ainda pior, que nos leva a ter receio dela; nesse caso, é preferível declarar sua ignorância e adotar um estilo dubitativo. É evidente que não se trata, com certeza, da ignorância que se ignora, mas daquela que se reconhece como tal, dando-se o direito de ignorar o que ela ignora sem fazer alarde de um pseudossaber. Trata-se de uma "ignorância consistente e generosa que, do ponto de vista da honra e da coragem, nada fica a dever à ciência; de tal modo que, para concebê-la, não há menos saber do que para conceber a ciência" (ibidem).

Na verdade, há uma ignorância anterior à aquisição do saber e outra que ocorre após a ciência, os quais não devem ser considerados do mesmo gênero: o primeiro é do tipo aprendizagem do "abecedário", enquanto a outra é "doutoral" (1, LIV, p. 339). Quanto a esta, chamada também ignorância douta, "a ciência a faz e engendra, do mesmo modo que ela desfaz e destrói o primeiro" (ibidem). Trata-se precisamente da parábola da espiga de trigo que permite estabelecer a separação nítida entre o verdadeiro erudito, "o aprendiz de sessenta anos", e o pedante, "o doutor de dez anos" (3, XI, p. 323):

> Aconteceu aos verdadeiros sábios o que se verifica com as espigas de trigo: elas erguem-se orgulhosamente enquanto vazias; mas, quando estão cheias e os grãos amadurecem, elas inclinam-se e dobram-se humildemente. Assim, esses homens, depois de terem experimentado e sondado tudo, não tendo encontrado — nesse amontoado considerável de ciência e provisão de coisas diversas — nada de maciço e consistente, nada além de vaidade, eles renunciaram à sua presunção e reconheceram sua condição mortal (2, XII, p. 225).

E essa condição mortal inclui, em seus efeitos, uma parte, se não de sombra, pelo menos de ignorância, uma ignorância que, além de acompanhar, constitui a condição humana:

> Em todas as questões que tratamos, existem pontos obscuros, impossíveis de se distinguirem nitidamente, em particular, os que dizem respeito à natureza humana; há qualidades e defeitos que não aparecem, nem se revelam, até mesmo por vezes, são desconhecidos do próprio portador e que só despertam quando surge a oportunidade (3, II, p. 160).

Presença de um inconsciente estrutural e eficiente, emudecido em "condição", mas cujos efeitos são nada menos do que silenciosos.

A declaração de ignorância não se faz diante de qualquer pessoa: por exemplo, a criança tem necessidade de uma "instituição", ou seja, de uma instrução; e, em relação ao próprio povo, deve-se dar — como sublinha Platão — "mentiras proveitosas"[3] para constituí-lo como povo a fim de não deixá-lo no estado de simples multidão. A "nobre mentira" mencionada por Platão em sua obra *A república* é fundadora de uma identidade *épica* dos cidadãos, impelidos a acreditar que são todos oriundos da mesma genetriz, a pátria mãe.[4]

Afora essa parte cidadã de si constituída por uma mentira inaugural e "proveitosa", quem sabe o que é melhor para si? Uma das inscrições da *librairie* de Montaigne indica modestamente nossa ignorância a respeito do valor das coisas para nós: "Homem, tu não sabes se isto ou isso é melhor para ti, ou igualmente os dois." "A forma dominante" (1, L, p. 332) de Montaigne — a que serve de modelo a "todas as outras formas" (1, XXXII, p. 397) — é a ignorância por ser impregnada pela dúvida, a qual é um prazer e não um sofrimento.

Enfim, o que pretendemos conhecer acerca do passado? Nossa percepção do passado está para sempre truncada pelo imenso acervo de documentos perdidos e de fatos não relatados:

> Ainda que tudo o que nos chegou do passado fosse verdadeiro e, até mesmo, conhecido por alguém, tudo isso seria menos do que nada em relação ao que é ignorado (3, VI, p. 233).

Isso equivale a dizer que uma ciência da lacuna está ainda por nascer, uma ciência capaz de avaliar os efeitos

---

3. Cf. *A república*, São Paulo, Nova Cultural, col. "Os pensadores", 1997, p. 109. [N.T.]
4. "E, por isso, devem considerar a região que habitam como a sua mãe e ama, defendê-la contra quem a atacar e tratar os outros cidadãos como irmãos, filhos da terra como eles" (ibidem, p. 110). [N.T.]

do que é transmitido em razão do que é esquecido, apagado, interdito.

3. A *retórica*

Para Montaigne, a retórica não é, em primeiro lugar, uma arte de convencer (Aristóteles) ou de mentir (Platão), mas é sobretudo afetação de linguagem devido à agitação das coisas. Sob a forma de eloquência, ela só floresce nos piores momentos da história de um país, à semelhança do que ocorre com a superstição ou o boato. Ademais, para seu desenvolvimento, ela pressupõe, como a medicina, um corpo doente, além de uma multidão ignorante a ponto de deixar-se convencer pela ênfase dos oradores, de acreditar no epíteto "grande" atribuído aos príncipes quando essa mesma suposta grandeza não "ultrapassa em nada os outros" (1, LI, p. 336).

E como alguém se deixa convencer a não ser mediante a consideração de que a palavra servida é agradável e como provar desse atrativo senão pelos chamados prazeres da boca? O mordomo a serviço do cardeal Caraffa[5] fala dessa "ciência das boas iguarias" como se tratasse de uma "teologia", levando em conta a tamanha seriedade utilizada na descrição dos pratos; essa é uma ciência do ornato, o qual sabe ajustar-se ao apetite e a seus momentos, aos pratos e às respectivas estações. Isso equivale a dizer o quanto a retórica conforma-se com as circunstâncias e retira sua energia do peso das palavras, com certeza

---

5. Carlo Caraffa (1516-1560), sobrinho do papa Paulo IV (Pietro Caraffa), que o cumulou inicialmente de honras, acabou sendo exilado pelo tio, em 1559, na sequência de numerosas queixas (ganância, medidas arbitrárias) apresentadas contra o pai, o conde de Montorio, e ele próprio; foi estrangulado na prisão por ordem de Pio IV, sucessor de Paulo IV e inimigo dos Caraffa.

palavras ocas para um Montaigne que procura alhures os verdadeiros efeitos.

O motivo está inteiramente no que ela "forja", devendo, para isso, evitar o ornamento e ir ao essencial da construção:

> Quando ouço nossos arquitetos lançarem estas palavras pretensiosas — pilastras, arquitraves, cornijas, ordens coríntia e dórica — e outras de seu jargão, não posso impedir-me de pensar imediatamente no palácio de Apolídon; e, por comparação, o que citam com tanta ênfase não me parece muito superior às mesquinhas peças da porta de minha cozinha. Quando ouvis falar de metonímia, metáfora, alegoria e outras expressões da gramática, não vos parece que sejam locuções de uma língua rara e peregrina? (ibidem, p. 335).

O paralelismo entre elementos heterogêneos — tais como "pilastras" e "metáforas" — indica a parte comum da mente para aquele que considera que a parte ativa do intelecto consiste em construir, em forjar. Esse paralelismo tem também a função de mostrar-nos que, para Montaigne, "o discurso" elaborado pela mente não se limita à fala, mas é também "razão, juízo, raciocínio" (Marie-Luce Demonet--Launay, op. cit., p. 112), assunto abordado; os animais "valem-se de movimentos para exprimir raciocínios e exporem ideias" (2, XII, p. 185; II, 12, 453 C), ou seja, formas de expressão diferentes da linguagem articulada. Montaigne teria subscrito o seguinte trecho de Michel Foucault:

> O discurso não deve ser considerado como o conjunto das coisas de que se fala, nem como a maneira de dizê--las. Ele está também no que não se fala, ou que é indicado por gestos, atitudes, maneiras de ser, padrões de comportamento, arranjos espaciais. O discurso é o

conjunto das significações forçadas e molestas que passam através das relações sociais.⁶

E identifica-se com Sócrates:

> [...] que trata os assuntos mais úteis com um passo tranquilo e habitual (3, XII, p. 328; III, 12, 1038 B).

A persuasão retórica baseia-se no entimema: silogismo em que se faz a elipse de uma premissa, aquela mesma que é duvidosa ou falsa para obter mais facilmente o crédito dos interlocutores. Os fazedores de milagres usam e abusam de tal procedimento:

> Os primeiros que se metem a narrar histórias extraordinárias compreendem, pela oposição encontrada, qual é o ponto fraco [dessas narrativas] e vão defendê-lo desde logo com alguma falsa prova (3, XI, p. 321).

Assim, há desigualdade entre aquele que utiliza a persuasão e aquele que se deixa convencer porque este não dispõe de meios para reconhecer o embuste de que é vítima; além disso, como dizia Aristóteles, ele se deixa persuadir, quase sempre, à primeira vista, imediatamente, a uma "primeira persuasão", tanto mais eficaz quanto mais incrédula é a alma, a qual não conta com a resistência da razão nem com o esforço da consciência.

Os exercícios de retórica declamatória — tais como aqueles que Henrique III tinha implementado por imitação das cortes italianas — não agradam também a Montaigne. Os discursos de moral teórica sobre as virtudes e os afetos humanos dão lugar a tipos humanos e estão longe

---

6. Michel Foucault, "La Voix de son maître", in *Dits et ecrits* III, Paris, Gallimard, 1976, pp. 123-124.

da realidade dos indivíduos. Aliás, é preferível aprender a falar nas tabernas e não nas "escolas da tagarelice" ["écoles de la parlerie"; cf. 3, VIII, p. 246], ou seja, nas universidades: eis o desejo de Montaigne, se ele tivesse de aconselhar uma aprendizagem linguística. As figuras de estilo convencionais em uso no ensino escolástico são fustigadas pelo fato de terem perdido a maneira de falar expedita, incisiva e com várias alternativas.

Cícero é um "mestre do ofício" (2, X, p. 152): em suas obras, é possível respigar efetivamente algumas considerações filosóficas, mas deve-se evitar todas as formas retóricas de aparato dos assuntos "abordados com esmero" porque ele se perde em "prefácios, definições, classificações, etimologias" (ibidem, p. 157) que ocupam praticamente toda a sua obra, retirando-lhe o que há de substancial. No entanto, há espaço para outras figuras, como o paradoxo, do qual Montaigne faz um uso frequente.

Cícero não é convincente ao falar sobre a morte: "Sente-se que ele se pronuncia acerca de uma coisa de que não está convencido" (2, XXXI, p. 390). A eloquência é uma retórica "enganadora" (1, LI, p. 334): em vez de se acomodar a uma "essência irregular", ela faz tudo para "abastardá-la" e "corrompê-la". O papa não será escutado ao dizer a Montaigne para colocar sua eloquência a serviço da cristandade; com efeito, existem eloquências mecânicas semelhantes às "vitórias mecânicas" que os conquistadores obtêm contra as Novas Índias e cujo desfecho deixa apenas o sabor amargo de ter destruído, em um caso, a conversa informal e, no outro, a bravura militar no sentido de Esparta.

Falar de modo enviesado não é falar para convencer o interlocutor, mas para levá-lo a exercitar seu juízo, para incentivá-lo na busca da verdade. Ora, é lamentável que, "hoje em dia, a verdade não seja o que é, mas o que consegue persuadir os outros" (2, XVIII, p. 357). Caberá a

Rousseau unir essas duas temáticas em sua obra *Discurso sobre as ciências e as artes*: o desenvolvimento de uma retórica supostamente sutil é acompanhado pelo relaxamento dos costumes. A prosopopeia de Fabricius indica, à maneira de Montaigne, que os povos derrotados pelas armas reinam pela retórica.[7] Entre o exprimir-se corretamente e o agir de modo perverso, há mais do que um quiasmo significativo: não é que se diz, a respeito das pessoas afáveis, que elas são ingratas?

4. Dialética

A dialética é uma forma de cerceamento, enquanto Montaigne não cessa de abrir: entrevejo [*j'ouvre*] as coisas e não as penetro [*je ne découvre*] (cf. 2, XII, p. 225). De um ponto de vista aristotélico, o termo "dialética" refere-se — como já foi assinalado — à obra *Tópicos*, na qual são enumerados os "lugares" do raciocínio: desde o lugar-comum até o lugar demonstrativo, temos uma verdadeira topografia do raciocínio em todas as suas variantes. Montaigne é sensível a esse aspecto, visto que, nos *Ensaios*, sua prática assemelha-se frequentemente a uma construção de lugares, as "porções de terra" (1, XXVI, p. 234) arrancadas aqui e lá para fazer localidades específicas, em que exprimir os outros consiste "em exprimir-se melhor a si mesmo", lugares comuns revisitados e, sobretudo, lugares insólitos ou paradoxais, utilizados constantemente por Montaigne. Na terminologia do século XVI, os paradoxos — como sublinha André Tournon — designam escritos de diversas naturezas: "repertórios de

---

7. Jean-Jacques Rousseau, *Discurso sobre as ciências e as artes*, p. 10: "Vós, senhores das nações, vos tornastes escravos dos homens frívolos que vencestes! São os retóricos que vos governam!". Disponível em: <http://www.dominiopublico.gov.br/download/texto/cv000012.pdf>. [N.T.]

fatos extraordinários, sátiras que desmentem as aparências enganadoras, contra verdades declaradas".[8]

A estrutura dos *Ensaios* nada tem a ver com a das teses e das objeções:

> Discussões encarniçadas que dessem finalmente vantagem ao adversário, desenlaces que tornassem ridícula a minha acalorada insistência, far-me-iam sofrer cruelmente (3, X, p. 303).

Montaigne está demasiado ocupado consigo mesmo para considerar a possibilidade de enfrentar um eventual opositor; sem contar que a dialética se limita a fornecer a matéria quando, afinal, seria necessário também uma forma. A *disputatio* apresenta a séria ameaça de que "a verdade venha a perder-se e a aniquilar-se" à força de "discutir para contradizer" (3, VIII, p. 245).

> E esse outro [historiador] comportou-se também de maneira sensata ao aconselhar o imperador Teodósio[9]: ele dizia-lhe que, além de não evitarem os cismas da Igreja, as discussões acabam por suscitá-los, engendrando as heresias; por conseguinte, era preciso evitar qualquer debate, toda argumentação dialética, e ater-se

---

8. Ver a obra de Oumelbanine Zhiri — *L'Extase et ses paradoxes: Essai sur la structure narrative du Tiers Livre*, Paris, H. Champion, 1999 — sobre as implicações do procedimento do paradoxo no século XVI. O paradoxo é um meio de reconhecer a complexidade da realidade que produz na mente uma perplexidade. "A tentativa para eliminar a perplexidade" conduz "a simplificar exageradamente a realidade e, portanto, a falsificá-la", p. 135.

9. Teodósio I, o Grande (347-395), imperador romano do Oriente e do Ocidente, foi o último de um Império Romano unido, o qual, após a divisão entre seus herdeiros, nunca mais seria governado por um único soberano; seu reinado é conhecido principalmente pelo Édito de Tessalônica (27 de fevereiro de 380), que instituiu o cristianismo como religião oficial do império.

unicamente às prescrições e às fórmulas da fé estabelecidas pelos antigos (1, LVI, p. 346).

A dialética pode assim promover o surgimento de seitas teológicas; eis precisamente o que Averróis havia constatado em sua época, diante da proliferação por toda parte de uma maneira de esmiuçar a religião sob o pretexto de torná-la mais compreensível.[10]

5. *Lógica*

Montaigne diz que, em vez de especialista de lógica, prefere ser bom escudeiro (cf. 3, IX, p. 263), e conversador em vez de homem de dedução. Na obra *Fedro*, de Platão, temos a imagem do bom cocheiro que sabe como colocar o freio a seu cavalo, imagem que serve para compreender o trabalho que a alma tem de executar diante dos excessos da concupiscência e da raiva. Um bom escudeiro, à semelhança de um bom cocheiro, é um homem da circunstância: ele "encontra-se mais por acaso do que apelando para a inteligência" (1, X, p. 127). Um homem que promove tanto os meios indiretos e está à escuta do acaso, do fortuito e do acidental nada pode fazer além de relativizar a ciência da definição e da inferência; o motivo é que a lógica não cumpre suas promessas (3, VIII, p. 246). Como já vimos, as causas e as razões das coisas estão fora de nosso alcance.

De que maneira Montaigne consegue, no entanto, evitar a misologia — ou seja, o ódio pela razão — à qual é induzido, como que por um declive escorregadio, aquele

---

10. Cf. meu livro *Averroès* [2000], Paris, Les Belles Lettres, 2003, cap. III, pp. 122-131 [ed. bras.: *Averróis*, São Paulo, Estação Liberdade, col. "Figuras do saber", 15, 2006, cap. 3, pp. 136-144].

que está desiludido com os raciocínios (cf. Platão, *Fédon*, 90e)? Tendo depositado confiança em argumentações que, posteriormente, se revelaram como falsas, o indivíduo passa o resto da vida, afirmava Platão, vilipendiando e alimentando ódio a todos os raciocínios. Montaigne orienta, de outro modo, sua decepção relativamente à lógica: nossos raciocínios "têm uma jurisdição tão ampla que julgam e se exercem sobre a própria inanidade e sobre o que não existe" (3, XI, p. 326). Ou, dito por outras palavras, eles são tão flexíveis, tão maleáveis, que acabam por perder a matéria que é objeto de seu exercício, à semelhança de uma bola de mercúrio que, nas mãos de uma criança, acaba por dissipar-se (3, XIII, p. 350). O vazio é mais ameaçador do que a falsidade e também mais do que o vício, considerando que o grau de maldade por vício é menor do que por "inanidade".

Entre os treze e quinze anos, Montaigne estudou a lógica com afinco no colégio de Guyenne e, ao recomendá-la — assim como "a física, a geometria e a retórica" (1, XXVI, p. 224) —, não deixa de subordiná-la à formação da inteligência. Ciência dos raciocínios e da inferência, ela pode ocasionar o esquecimento do julgamento correto; ora, o juízo é uma "parte essencial" de nós (1, XXXVII, p. 276). Os raciocínios redundam em paradoxos, tais como o do mentiroso: ao dizer "está chovendo", digo a verdade se realmente houver chuva; mas, se afirmo "estou mentindo", onde é que se esconde a verdade? A lógica, por sua extrema clareza, dissipa a evidência. Como será possível, nesse caso, depositar confiança em tal operação?

Além disso, ao insistirmos sobre a passagem de uma proposição para outra, acabamos esquecendo o teor de cada uma delas e produzimos silogismos cujo conteúdo pode ser um absurdo, enquanto o raciocínio é impecável; com efeito, mesmo que eu seja bem-sucedido na passagem de uma premissa para outra, permanece a questão crucial de saber a maneira como minha premissa foi construída.

Outro procedimento incontornável da lógica — a *definição* — é substituída, em Montaigne, pela *descrição*, que se adapta estreitamente às características do incompleto: nunca acabamos de descrever porque há sempre novos fatos a acrescentar aos outros. "O ouvido não envelhece", diz o adágio, escutando sempre coisas novas que preenchem os vazios, em volta do centro do quadro, com "pinturas fantasistas" (1, XXVIII, p. 242; I, 28, 183 A). Montaigne escreve sem limites nas margens do quadro:

> Ele escreve o próprio eu nas margens e escreve, também, nas margens do eu.[11]

Além disso, se a vida é por essência "irregular", ela não pode ser capturada em uma definição: "Sei o que é um homem, mas sei menos o que seja um animal, um mortal ou um ser dotado de razão" (3, XIII, p. 352). Em vez de uma definição, a qual estabelece limites entre as diferentes áreas do conhecimento, a descrição é sempre compatível com o adendo e a mistura, ao mesmo tempo que permite discriminar sem fixar:

> Não posso aplicar a mim mesmo um juízo completo, simples, sólido, sem confusão nem mistura, tampouco exprimi-lo com uma só palavra. "Distinguo" é o termo mais encontradiço em minha lógica (2, I, p. 100).

Fazer distinções, estabelecer diferenças: eis um dos quatro instrumentos dialéticos enumerados por Aristóteles,

---

11. Richard Regosin, "Montaigne between the Lines: Reading the Interstices (1580, 1588, 1595)", in *Le Parcours des Essais*, textos reunidos por Marcel Tetel e G. Mallary Masters, Paris, Aux Amateurs de Livres, 1989, p. 52.

no final do primeiro livro dos *Tópicos*. Os outros três — ou seja, a coleta das premissas, a dissociação entre os diversos sentidos dos termos e a percepção das semelhanças — nem chegam a ser relegados para um segundo plano por Montaigne: tais procedimentos são simplesmente descartados. A coleta das premissas pressupõe que se tenha em vista a construção de um raciocínio no qual elas serão utilizadas; ora, para Montaigne, o essencial reside no juízo autônomo, e não no julgamento considerado como premissa, enquanto elemento de um raciocínio mais amplo. Por sua vez, a dissociação entre os sentidos dos termos é um instrumento demasiado abstrato. Nada se aprende ao separar *in abstracto* os sentidos dos termos, aliás, exercício escolar e de gramática que nos leva a esquecer a própria origem do sentido — a saber, o uso: por um lado, o contexto fixa o sentido; e, por outro, nossa conversação nunca pode reivindicar uma clareza total, considerando a natureza finita da capacidade humana.

Procura-se, aliás, de preferência a compreensão e não tanto o sentido, lição que se encontra no especialista da lógica norte-americano Quine (1908-2000), ao sublinhar que o trabalho do lexicógrafo consiste em fazer com que o leitor possa "aprimorar a compreensão das expressões" utilizadas, e não fixar o sentido por meio de sinonímias. E tal operação ocorre "sem traçar limites", a não ser aquele que procura a adaptação à conversação, o que "é uma questão de grau e permanece imprecisa: questão de facilidade e de eficácia no diálogo".[12] Sabe-se que, nos *Ensaios*, a palavra *fortune*, por exemplo, designa alternadamente acontecimento feliz, infortúnio, sorte, oportunidade, riqueza, destino, providência, natureza e, até mesmo, Deus.

---

12. Willard Van Quine, *La Poursuite de la vérité*, Paris, Seuil, 1993, cap. 3, p. 92 [Original: *Pursuit of Truth*, 1990].

Quanto à percepção das semelhanças, Montaigne foi bastante explícito a esse respeito:

> As consequências que procuramos tirar da comparação dos acontecimentos não oferecem segurança, tanto mais que elas são sempre dessemelhantes: nessa imagem das coisas, nenhuma qualidade é tão universal quanto a diversidade e a variedade (3, XIII, p. 348).

Montaigne não é, de modo algum, emblemático desse "paradigma da semelhança" mediante o qual Michel Foucault caracterizou o período pré-cartesiano em *As palavras e as coisas*.[13] Além de não existir nenhuma similaridade entre os reinos naturais, nem correspondência cósmica ou psicológica entre os seres animados, a dessemelhança é que predomina inclusive no seio do mesmo reino, o humano, e no interior do mesmo indivíduo; avançamos em direção à variedade e à heterogeneidade.

Eis o motivo pelo qual a experiência não poderia ser o primeiro grau do universal apresentado por Aristóteles em sua obra *Segundos analíticos*, no capítulo dedicado à gênese dos princípios. Se, "em qualquer exemplo, existe sempre um detalhe que destoa" (cf. 3, XIII, p. 352), não há meio de reunir, de maneira indutiva, exemplos para chegar a uma generalização. Não há também nenhum exemplo a ser seguido; com efeito, "quem segue outrem, não segue coisa nenhuma" (1, XXVI, p. 216).

---

13. Michel Foucault, *Les Mots et les choses*, Paris, Gallimard, 1966, p. 32: "Até o fim do século XVI, a semelhança desempenhou um papel construtor no saber da cultura ocidental. Foi ela que, em grande parte, conduziu a exegese e a interpretação dos textos: foi ela que organizou o jogo dos símbolos, permitiu o conhecimento das coisas visíveis e invisíveis, guiou a arte de representá-las" [ed. bras.: *As palavras e as coisas: Uma arqueologia das ciências humanas*, 8ª ed., São Paulo, Martins Fontes, col. "Tópicos", 2000, p. 23].

Ainda resta proceder a distinções e, através dessa operação, estabelecer paralelos, como já tivemos a oportunidade de ver. Até mesmo ao intitular seu ensaio XXXVII — "Da semelhança dos filhos com os pais" (Livro 2, p. 420) —, Montaigne esforça-se por reconhecer apenas uma semelhança negativa: na esteira de seus antepassados, Michel de Montaigne tem uma opinião preconcebida contra os médicos. Ao não compartilhar a doença da pedra [*maladie de la pierre*] com o pai [cujo nome é Pierre], semelhança totalmente negativa — "é de crer que deva a meu pai essa predisposição para os cálculos renais" [*qualité pierreuse*] (ibidem, p. 424) —, o que herdou não é tanto uma qualidade positiva, mas a mesma rejeição: a recusa das drogas medicinais.

> Desculpem-me os médicos a minha liberdade de linguagem, mas esse mesmo germe, produto da fatalidade, comunicou-me igualmente o ódio e o menosprezo às suas doutrinas: a minha antipatia pela sua arte é hereditária (ibidem).

O mesmo está alinhado com a filiação e o negativo; a natureza, por sua vez, "esforçou-se por não criar duas coisas idênticas" (3, XIII, p. 349). Pretendeu-se constituir, a partir de experiências repetidas, a base para o verdadeiro conhecimento da natureza: se não há repetição uma vez que tudo é dessemelhante, onde está a verdade?

6. *Verdade, fato, testemunho*

Apesar de que, em qualquer exemplo, exista sempre um detalhe que destoa e de que a dessemelhança esteja por toda parte, nem por isso a verdade é abolida. Mesmo admitindo a possibilidade de contradizer-se a si mesmo porque o indivíduo é opaco a si — e, em resumo, dois (3, IX, p. 272) —, nem por isso ele contradiz a verdade. Para esta, existe um primado, não da lógica, mas da ética, porque é efetivamente a corrupção dos costumes que decreta "o banimento da verdade" (2, XVIII, p. 356). Ao abordar a verdade pela inteligência e não pelo eu, verdade e mentira têm "atitudes parecidas" (3, XI, p. 320). Por outro lado, ao observar os fatos, sem as justificativas do intelecto, é importante acumular as observações e decidir em favor dos fatos:

> É verdade que não perco tempo em desfazer o nó das provas e razões baseadas em experiências e fatos; não há como desfazê-lo; e, à semelhança de Alexandre em relação a seu nó [górdio], eu o corto com frequência (ibidem, p. 325).

O fato bruto exige a verdade nua e crua sem "exagero, sem ênfase nem comentários" (3, XI, p. 321); nesse aspecto, Montaigne está de acordo com Jean Bodin sobre o valor das testemunhas oculares (2, X, p. 160).[14]

A verdade é, para ele, uma meta a atingir e não um objeto, encontrando-se inteiramente na busca, na investigação, e não na posse: "Nossas investigações não têm fim" (3, XIII, p. 351). Montaigne defende um ceticismo do estudo que não é, de modo algum, doutrinário; trata-se de um ceticismo absorvido totalmente na observação renovada sem interrupção. Longe dos dois obstáculos — por um lado, o "dogmatismo" que se baseia em uma verdade possuída e, por outro, o "academicismo" segundo o

---

14. Sobre Bodin, ver o testemunho de Montaigne: "[...] é um dos bons autores de nossa época que, ao demonstrar muito mais discernimento do que a turba de escrevinhadores de seu século, merece ser levado em consideração e discutido" (2, XXXII — "Defesa de Sêneca e Plutarco" —, p. 394). [N.T.]

qual "ela não pode ser encontrada" (2, XII, p. 226) —, Montaigne constitui a verdade na busca. Nada deve ser negligenciado nessa investigação:

> A verdade é tão valiosa que nada devemos desdenhar, suscetível de conduzir-nos a alcançá-la (3, XIII, p. 348; III, 13, 1065 B).

Mas é inevitável reconhecer que ela está dispersa, à semelhança dos átomos de Epicuro, em uma infinidade de figuras que acabam por dissipá-la: um número exagerado de interpretações "desagregam" a verdade. Tendo sido negada "nossa linguagem comum, tão cômoda e fácil", ela se torna confusa mediante a escolha de "vocábulos solenes" por "jurisconsultos e médicos" (ibidem, p. 350); no entanto, é essa linguagem comum que deve ser objeto de nossas dúvidas. Se a verdade se perde nas dificuldades doutrinais, ela volta a encontrar-se inaudita, como que renovada nas questões que incidem sobre as coisas comuns:

> Duvido, em geral, acerca de pontos não comentados; tropeço facilmente onde não há dificuldades, como certos cavalos que dão passos em falso frequentemente em caminhos batidos (ibidem; III, 13, 1067 B).

Para Montaigne, a verdade ocorre, portanto, na mudança do aspecto sob o qual observamos as coisas: a mesma coisa, realmente comum, é vista por mim de maneira diferente e sua verdade, finalmente, chama minha atenção, ou seja, transforma-se para mim em uso. Ficar impressionado pela verdade é estar envolvido na ação, longe das glosas indefinidas que acabam por dissipar tanto a verdade quanto a ação. "A discussão obscurece a evidência", afirma Montaigne — citando Cícero (3, XII, p. 333) —, em que o termo "evidência" deve ser entendido no sentido inglês contemporâneo que corresponde a seu sentido francês do século XVI: as provas que se apoiam no testemunho dos fatos. Evitemos que os fatos se tornem obscuros por um tão grande número de interpretações; por natureza, eles são obstinados, resistindo às mil e uma facetas da interpretação.

Para uma mente positiva, o ceticismo de Montaigne é contagioso por seu estrito respeito dos fatos; em vez de uma postura ou de uma finalidade, a ignorância promovida por ele é um método e, por mais paradoxal que isso possa parecer, um estudo, porque nunca concluímos a delimitação do campo de nosso saber, nunca chegamos a reconhecer totalmente nossa ignorância em relação ao destino, às coisas ocorridas no passado que nos são relatadas em número tão reduzido.

Com certeza, temos necessidade de regras para não ficarmos angustiados com a ideia de que não dispomos de ferramentas para nos orientar na vida e na aquisição do conhecimento; no entanto, essas regras, a lógica — em particular, a lógica aristotélica —, não estão em condições de assumir, por si sós, tal encargo. Por outro lado, a verdade é preciosa demais para ser confundida com o atrativo de belos discursos elaborados com a finalidade de criar confusão e persuadir; desse modo, a retórica — assim como a dialética — não poderia tomar o lugar da lógica, neste século de tal modo ávido por polêmicas e disputas acirradas a propósito de ideias. Convém precavermo-nos de modo que a fé não seja contaminada por nossas opiniões divergentes, submetidas à dúvida e à contradição.

Se a fé é uma presença e não uma ideia, então ela está livre de qualquer lógica do confronto entre discursos. A fé religiosa como filiação política implica nosso compromisso, mas nunca sob a forma de uma coação, nem de uma servidão voluntária. Nossa ignorância, relativamente a Deus e à origem das sociedades, protege-nos de intermináveis querelas sobre esse assunto, além de armar--nos de antemão contra qualquer tipo de adesionismo que venha a ser incentivado por elas.

V
Intercâmbio e obrigações

> Pois existe entre nós e as outras criaturas um
> obstáculo de contingências, como [...] existe
> um obstáculo semelhante na percepção, que
> impede o contato absoluto entre a realidade e a mente.
>
> Marcel Proust, Em busca do tempo perdido, —
> vol. 7: O tempo recuperado.[1]

O que fazemos na maior parte de nosso tempo? O intercâmbio com os outros constitui algo de essencial para nós e ocupa nossa vida. Mas qual é o tipo dessas trocas? A casa, a amizade e os livros; para além desses "três intercâmbios"[2], não resta grande coisa. As obrigações devem ser respeitadas com moderação e, até mesmo, com meia medida. Tratar com deferência sua vontade é evitar comprometer-se de maneira excessiva, evitar as obrigações, tirar partido "das ingratidões, ofensas e indignidades" daquele que havia sido considerado como amigo para "desonerar-se" e "ficar quite" (3, IX, p. 276); livrar-se das

---

1. Em busca do tempo perdido, vol. 7: O tempo recuperado, trad. Fernando Py, Rio de Janeiro, Ediouro, 2002, p. 279. [N.T.]
2. No original, trois commerces; cf. ensaio III — "Da companhia dos homens, das mulheres e dos livros" —, Livro 3, p. 163. [N.T.]

obrigações, dos deveres que assumem o aspecto de servidão, uma vez que "é sempre prejudicial submeter-se a qualquer tipo de dependência" (3, XIII, p. 375). Assim, para ser empreendida com "graça e honra", a ação deve ter "algum realce de liberdade" (3, IX, p. 276; III, 9, 967 B); caso contrário, ela se torna impraticável pelas obrigações do dever.

1. Os livros

> Os livros são um agradável passatempo, mas se devemos absorver-nos neles a ponto de perdermos a alegria e a saúde — o que é, para nós, o mais precioso —, deixemo-los de lado. Sou de opinião que as vantagens auferidas deles não compensam tais prejuízos (1, XXXIX, p. 288).

O deleite encontrado nos livros não poderia ser, portanto, exclusivo; ele é temperado tanto por essa "coisa mui preciosa" que é a saúde — "a única coisa merecedora, na verdade, de que sejam sacrificados não só o tempo, o suor, o sofrimento, os bens, mas ainda a própria vida para alcançá-la" (2, XXXVII, p. 424) — quanto por "*l'art de conférer*", ou seja, a conversação expedita e animada. Essas duas limitações não tornam insípido o gosto de ler, uma vez que a leitura é uma maneira de entabular uma conversação e de poupar sua saúde por uma ocupação bem serena, uma ocupação "mais a nosso alcance" (3, III, p. 169).

E a leitura está tanto mais a nosso alcance que, por falta de memória, ela situa-nos sempre em um presente inédito — inclusive, quando se trata de uma releitura — por dois motivos: acabamos lendo o que não havíamos lido no decorrer da primeira leitura; além disso, a riqueza de um livro implica que ele permaneça uma fonte inesgotável de novidades. É preferível esquecer e aprender de novo, em vez de gravar em uma memória voluntária que nos alicia, impedindo-nos de assimilar estreitamente nossas leituras como uma parte de nós mesmos. Com toda a certeza, a leitura é uma ocupação "mais a nosso alcance" na medida em que ela "forja" nossa alma sem "mobiliá--la" (cf. ibidem, p. 163).

A ambivalência de Montaigne em relação aos livros é real: se convém instruir as crianças, tal instrução deve servir-se de histórias para "entrar na intimidade dos personagens ilustres dos séculos mais importantes" (1, XXVI, p. 222; I, 36, 156 A), à maneira de Plutarco[3], que persegue os detalhes aparentemente insignificantes das vidas dos homens notáveis, e não à maneira dos historiadores, que se limitam a escrever a história oficial e se deixam subjugar pela opinião comum. Imitar Plutarco não é segui-lo, mas proceder como ele teria feito se tivesse vivido nesse século. Entre imitar e seguir, verifica-se toda a ambiguidade dos livros:

> Pode ser um estudo inútil; mas pode ser igualmente um estudo de fruto inestimável (ibidem).

Montaigne tirou partido dos livros que lia anotando à margem o que pensava a respeito de sua leitura; nesse sentido, conferia-lhes vitalidade como se, por esse viés, entabulasse uma conversação com os respectivos autores. Aliás, enquanto livro, os *Ensaios* não passam, de acordo com Albert Thibaudet, de um "recurso incontornável da conversação, da amizade e da sociedade" (*Montaigne*, p. 52), em suma, um substituto que acaba preenchendo

---

3. Plutarco, *Biografias de homens ilustres da Antiguidade comparadas* (em grego, ΒΙΟΙ ΠΑΡΑΛΛΕΛΟΙ), São Paulo, Paumape, 1991. [N.T.]

os "interstícios da vida" sem fazer as vezes desta, mesmo que — à maneira de uma onda que o submerge — seu livro o deixe impregnado pelo que descreve, tornando-se assim parte de si mesmo.

2. A casa

Tendo perdido suas filhas em tenra idade ou praticamente à nascença, Montaigne achou por bem consolar a esposa mediante uma carta, cujo modelo foi adotado de forma cáustica por Louis-Ferdinand Céline[4]:

> Não se preocupe, minha querida esposa! Você precisa de ser consolada!... Vai sair dessa!... Há solução para tudo na vida.[5]

Com efeito, Montaigne escreveu uma carta que indica o quanto nossas "queixas não passam de palavras, ruídos sem sentido real" (3, IV, p. 177), ou, dito por outros termos, o quanto a expressão do luto corresponde a regras que nada têm da exacerbação de um sentimento privado. Como foi tão perfeitamente explicitado por Céline, na afirmação do personagem Bardamu, em *Viagem ao fim da noite*:

> A gente, talvez, se equivoca sempre quando se trata de julgar o coração dos outros. Será que eles sentiram realmente desgosto? Desgosto de circunstância? (ibidem).

---

4. Escritor e médico francês (1894-1961), cuja obra mais notável é *Voyage au bout de la nuit* [Viagem ao fim da noite], que estabelece uma ruptura com a literatura da época pela utilização da linguagem vulgar; ele é também dotado de uma terrível lucidez, oscilante entre desespero e humor, violência e ternura, revolução estilística e real revolta. [N.T]

5. Louis-Ferdinand Céline, *Voyage au bout de la nuit* (1932), Gallimard, 2001, p. 289 [ed. bras.: *Viagem ao fim da noite*, trad. Rosa Freire d'Aguiar, São Paulo, Companhia das Letras, 2009].

Para Montaigne, esse "desgosto de circunstância" consistia em escrever à esposa a fim de consolá-la pela perda da filha de ambos, cujo nascimento havia sido esperado durante muito tempo e que faleceu com dois anos de idade. A primeira surpresa começa por surgir com a necessidade de escrever uma carta para a esposa em semelhante circunstância, como se a criança não pertencesse aos dois; mas tal distanciamento em relação ao acontecimento é acentuado pela menção de La Boétie e pelo envio da carta de Plutarco — traduzida pelo mesmo La Boétie — sobre o assunto. Assim, o luto aqui exprime-se pela evocação de outro luto — a perda de La Boétie — e pela literatura concebida e transmitida a esse respeito — a carta de consolação de Plutarco — inspirada por uma situação semelhante.

Essa é precisamente a "queixa que não passa de palavras, de ruídos sem sentido real", e trata-se perfeitamente de um desgosto de circunstância, uma vez que, alguns anos antes, Leão, o Africano[6] — ao pretender consolar o irmão do rei dos Wattásidas pela perda do pai —, recopia e envia-lhe os epitáfios encontrados nos túmulos de um cemitério da cidade marroquina de Fez:

> Dediquei-me com esmero na coleta de todos os epitáfios que vi não só em Fez, mas em toda a Berbéria, e reuni-os em um pequeno volume para oferecê-lo como presente ao irmão do atual rei, por ocasião da morte do pai deles, o velho rei. Entre todos esses versos, alguns são

---

6. João Leão de Médicis, chamado Leão, o Africano (1485-1554), geógrafo originário de Granada; seu nome, antes de ser batizado, era Hassan-al--Wazzan. Diplomata a serviço do rei do Marrocos, ele percorreu a África de lés a lés, munido de credenciais; daí seu conhecimento abalizado desse continente. Tendo sido capturado por volta do ano de 1518, ao largo de Cartago, por piratas sicilianos, foi "oferecido" por estes ao papa Leão X, o qual acabou por convencê-lo a converter-se ao cristianismo, e, ao adotá-lo, deu-lhe seu prenome.

suscetíveis de aumentar a coragem das pessoas e de consolá-las em seu luto.[7]

Montaigne nunca considerou que uma vida sem filhos pudesse ser "menos completa ou menos feliz. A esterilidade comporta também algumas vantagens" (3, IX, p. 301). Essa "esterilidade" pode corresponder ao tempo de lazer dedicado à leitura e à escrita, a tal ponto que é possível se questionar para saber se Montaigne não se sente mais satisfeito nessa ocupação do que na filiação natural que lhe seria prodigalizada pela "convivência" com a esposa:

> E não sei, na verdade, se não preferiria ter engendrado um produto, perfeito, nascido da convivência com as musas, a um filho das relações com minha esposa (2, VIII, p. 149).

O casamento só é "necessário e útil para o gênero humano", não para o indivíduo; santos e padres não estarão dispensados dessa prática social relativa a um "dever respeitável", deixando para os outros o papel da reprodução "do mesmo modo que, para o haras[8], mandamos os animais que menos apreciamos" (3, I, p. 152)?

Quanto às relações conjugais, ele vai considerá-las no plano praticamente social; assim, dedica-se à vida familiar não como uma obrigação, mas de preferência como um intercâmbio. Aliás, não é conveniente que o marido e a esposa fiquem juntos todo o tempo, uma vez que essa presença física revela certa fraqueza "na capacidade de

---

7. Léon l'Africain, *Description de l'Afrique*, Paris, Schefer, 1898, t. III, p. 231.
8. Nessa época, tais fazendas ainda não eram destinadas ao aprimoramento das raças animais. [N.T.]

gozo dos espíritos" (3, IX, p. 283); e Montaigne cita a perspicaz afirmação do rei Afonso[9] segundo a qual "é bom entendedor do assunto, parece-me, quem diz que, para um casamento feliz, é necessário unir uma mulher cega com um marido surdo" (3, V, p. 204). Trata-se de ser o amigo da esposa, sem experimentar por ela o sentimento incandescente e devastador que se chama amor.

O capítulo intitulado "A propósito de Virgílio" (3, V, pp. 179-226) reúne, sutilmente e de maneira bastante inesperada, duas temáticas aparentemente "fora de propósito" uma em relação à outra: trata-se do ciúme oriundo do amor, assim como da "eloquência flácida" (ibidem, p. 208) e artificial. Que vínculo pode unir aquele ou aquela que, em vez do gozo, pretende a posse — experimentando, nesse caso, o ciúme —, e quem fala de maneira correta sem a preocupação de pensar de maneira articulada (ibidem)?

Nos dois casos, verifica-se a paixão da posse: pretender apossar-se de outrem ou do sentido. Ora, o outro está disponível unicamente para nossa fruição, e de modo algum para nossa posse; quanto ao sentido, em vez de ser iluminado por nossas palavras, é ele quem de preferência as "produz e valoriza" (ibidem). A fruição do sentido ocorre quando nos apoiamos nas coisas para chegar à linguagem e não o inverso; por sua vez, o gozo do ser amado é obscurecido pelo ciúme. Do mesmo modo que o ciúme nos deixa exauridos pela "curiosidade viciosa", além de "perniciosa" (ibidem, p. 203), induzida em nós

---

9. Afonso VI, rei de Leão e Castela (1047-1109), morre de desgosto depois do óbito — na batalha de Uclés (1108), vencida pelos mouros — do único filho varão, Sancho Alfónsez. No seu reinado, viveu Rodrigo Díaz de Vivar (1043-1099), chamado O Cid [do mourisco *sidi*, "senhor"], figura histórica e lendária da Reconquista da Península Ibérica aos mouros, cuja vida inspirou a mais importante canção de gesta da literatura espanhola, o *Cantar de mio Cid*, escrito entre 1195 e 1207.

por ele, assim também a linguagem que anda à procura das "belas frases" destrói completamente, em vez de "valorizar", a matéria à qual pretende dar sentido.

Mas em que consiste tal fruição que nos leva da descrição das coisas à linguagem? Ela encontra-se inteiramente nos nossos "devaneios" ou nas nossas fantasias que aparecem inopinadamente e desaparecem deixando em nós não tanto seu objeto, mas sua aparência. O modelo deve ser procurado nos sonhos de Montaigne:

> Em semelhantes circunstâncias, acontece-me algo parecido com o que se passa no momento em que tenho um sonho: confio meus sonhos à memória (com efeito, ao sonhar, sei frequentemente que estou sonhando). No dia seguinte, porém, apesar de ser capaz de imaginar sua coloração, alegre, triste ou surpreendente, já não sei o que eles eram exatamente; aliás, quanto maior é meu esforço para lembrá-los, tanto mais soterrados ficam eles no esquecimento (ibidem, p. 211).

Isso equivale a dizer que os pensamentos ou as fantasias acabam sendo incorporados e deixam de estar à distância de si para que a linguagem procure tomar posse deles e traduzi-los: eles é que andam em busca de sua linguagem e não o contrário. Daí a importância dos versos de Virgílio ou de Lucrécio que realizam tal magia única de exprimir "o gozo ilícito" (ibidem, p. 205), o rapto de amor, sem posse, porque a maneira de falar é "nervosa e sólida" (ibidem, p. 208). A linguagem não é a muleta de que nos serviríamos para exprimir as coisas, mas é algo de orgânico e prazeroso, como aquelas coisas em relação às quais ela conserva a coloração por ser incapaz de resgatar a essência plena e integral das mesmas; aliás, "o amor nada é além da sede da fruição no sujeito desejado" (ibidem, p. 211), e não o desejo do sujeito em si mesmo.

3. A amizade

Montaigne enaltece muito mais a amizade que a vida doméstica. Ela está na reciprocidade, e não na utilidade, de acordo com a afirmação de Aristóteles:

> Os que se amam por causa de sua utilidade não se amam por si mesmos, mas em virtude de algum bem que recebem um do outro.[10]

La Boétie foi, para Montaigne, seu duplo; tal relacionamento é o único que escapa à opacidade em que fica envolvida qualquer relação ao outro. Não é de estranhar que essa situação tenha sido considerada por Aristóteles como o próprio exemplo de uma insigne legislação:

> E Aristóteles afirma que os bons legisladores tiveram maior preocupação relativamente à amizade do que à justiça (1, XXVIII, p. 243).

Para Montaigne, a amizade é um modelo de relações sociais; ela leva a sociabilidade à perfeição por ser reciprocidade. Por isso, ela não pode ser vivenciada pelos reis e poderosos, uma vez que o amigo é o semelhante a si mesmo, enquanto o rei carece de alguém igual a ele:

> Híeron[11] mostra seu incômodo por carecer de amizade e de relações cordiais que constituem o mais perfeito e doce fruto da existência humana (1, XLII, p. 304).

---

10. Aristóteles, *Ethique à Nicomaque*, Livro VIII, 3, 1156 a 10 [ed. bras.: Ética a Nicômaco; *Poética*, 4ª ed., São Paulo, Nova Cultural, col. "Os pensadores", v. 2, 1991, p. 173].
11. Híeron I, rei de Siracusa (de 478 a 467 a.C.); protetor de poetas e filósofos, convidou para sua corte Píndaro e Simônides.

A amizade realiza o paradoxo do vínculo que torna os parceiros ainda mais livres — Montaigne é a metade de La Boétie, e este a metade daquele: "Entre nós, tudo era dividido" (1, XXVIII, p. 251). Nesse trecho, temos a própria ilustração do que Aristóteles, em sua obra *Categorias*, entende por "relativo": aquilo cuja essência se exprime por referência a outra coisa. Os amigos assemelham-se a uma dupla quantidade da qual cada metade é metade do dobro e, portanto, em sua essência, exprime-se por referência a outra coisa ou, dito por outras palavras, à outra metade.

No entanto, se La Boétie é uma "alma de velha cepa" e "o maior homem do nosso século"[12] que dá fôlego e vigor às almas conhecidas da Antiguidade em um século tão tumultuado que é imprudente ter filhos — "A esterilidade comporta também algumas vantagens" (3, IX, p. 301) —, ele tem de ser uma alma de homem notável em tudo, ou seja, aquela que concentra em si algumas qualidades:

> Conheço muitos homens com belas qualidades de diversas espécies: um tem espírito; outro, coração; outro, habilidade; outro, consciência; outro, dom da palavra; outros, cientistas nesta ou naquela ciência. Mas, homem notável em tudo, com todas essas faculdades reunidas, ou uma em tal grau de excelência que suscite nossa admiração ou imponha a comparação com os homens da Antiguidade dignos de nossa homenagem, não tive a sorte de encontrar um só (2, XVII, p. 352).

Mas "esse homem notável em tudo" inencontrável teria despertado, no máximo, a admiração de Montaigne, porém não esse seu afeto tão específico e tão singular por

---

12. Montaigne, "Lettre à M. de Mesme du 30 avril 1570", Paris, Seuil, p. 551.

La Boétie que "nunca foi dito, nem escrito de forma tão exata, seja nas escolas dos filósofos, do direito e do dever da santa amizade, quanto o que esse personagem e eu conseguimos vivenciar juntos"[13]; as almas exprimiram-se em sua linguagem, tecendo assim uma "aliança de amizade tão íntima e tão articulada" ("Lettre à M. de Lansac"). Eis uma maneira de aplicar a lógica das distinções no sentido, simultaneamente, do que deve ser diferenciado e do que é digno de tal distinção.

O *Contr'un* [Contra um], o *Discours de la servitude volontaire* [Discurso sobre a servidão voluntária], é uma espécie de declamação, exercício oratório sobre um assunto que seja o menos real possível: a escolha da servidão, tão paradoxal e tão comum, analisada por um homem "que, se pudesse escolher, teria preferido nascer em Veneza, em vez de Sarlat; e com razão" (1, XXVIII, p. 251). Com efeito, Veneza era considerada, então, a República dos homens livres. Montaigne revela o nome do autor desse panfleto virulento no ensaio XXVIII — intitulado "Da amizade" — do Livro 1 (pp. 242-252), mas hesita e, em seguida, abstém-se de publicá-lo; ele vai considerá-lo, inclusive, como "um texto de juventude, abordado em sua infância tão somente a título de exercício" (ibidem, p. 251):

> É um tratado ao qual ele deu o título de *La Servitude volontaire*, mas que outros, ignorando-o, rebatizaram mais tarde criteriosamente: o *Contr'un*. [La Boétie] o escreveu, em sua adolescência, como um exercício em favor da liberdade e contra os tiranos (ibidem, p. 242).

---

13. Montaigne, "Lettre à M. de l'Hospital", 1570. Michel de l'Hospital (1505-1573), chanceler [encarregado da guarda do selo real] da França de 1560 até sua morte, embaixador no Concílio de Trento (1545-1563), esmerou-se em acalmar os ódios de natureza religiosa, postura que acabou suscitando contra ele a inimizade dos duques de Guise.

Ao invés de colocar o livro sob o princípio da contradição, Montaigne apreende sua natureza pela "única palavra que é 'não'" (cf. 1, XXVI, p. 222). Em vez de uma contradição que redunda em polêmica, a negação é aqui a recusa das servidões, de preferência, a uma rebelião contra o poder estabelecido.

A obra de La Boétie tornara-se, entrementes, o emblema da contestação protestante, na França, contra os abusos da monarquia. Já não era possível para Montaigne, após 1574 — data da primeira publicação do *Discours* —, reservar-lhe um espaço nos *Ensaios*: tal empreendimento teria sido uma tomada de posição explícita em favor dos defensores da Reforma quando, afinal, a verdadeira engenhosidade de Montaigne consistiu em manter os vínculos, simultaneamente, com o catolicíssimo rei Henrique III e com o protestante Henrique de Navarra, pretendente ao trono:

> Considerando que esse livro foi publicado posteriormente, de má-fé, por indivíduos que procuram perturbar e modificar nossa situação política, sem se preocuparem em saber se conseguirão melhorá-la, acabando por misturá-lo com outros escritos da autoria deles, desisti de incluí-lo aqui (ibidem, p. 251).

O ar "irrespirável" de uma "época tão desagradável" deixara de ser conveniente para introduzi-lo nos *Ensaios*.

Há a citação do amigo, além da dedicatória aos amigos, em particular às mulheres que estavam mais próximas de Montaigne. Em sua obra, encontra-se uma profusão de nomes de mulheres com quem Montaigne mantinha, se não uma relação de amizade, pelo menos uma convivência duradoura: desde Mme. de Duras até Marie de Gournay, passando por Mme. d'Estissac, sem esquecer Margarida de Valois. Por sua vez, a escrita do texto "Apologia de Raimond Sebond" (2, XII, pp. 173--307) justifica-se pela preocupação de Montaigne relativamente às leitoras da obra:

> Considerando que muitas pessoas se distraem em sua leitura, em particular, senhoras a quem devemos obrigações, encontrei-me frequentemente na condição de ajudá-las, destruindo as duas principais objeções que têm feito ao livro (ibidem, p. 174).

Assim, temos Mme. de Duras[14], a quem é dedicado, no Livro 2, o cap. XXXVII, "Da semelhança dos filhos com os pais":

> Não desejo que estas linhas representem em vossa lembrança um indivíduo diferente. Estas observações, e consequentes considerações que vós ouvistes e aceitastes, senhora, quero consigná-las (sem alteração, nem mudança) em uma obra sólida que possa sobreviver a mim alguns anos ou dias (ibidem, p. 439).

No mesmo livro, o cap. VIII — "Da afeição dos pais pelos filhos" — é dedicado a Mme. d'Estissac, mãe de Carlos d'Estissac, um dos companheiros de Montaigne em sua viagem à Itália.[15] Por sua vez, Marie de Gournay (2, XVII, p. 354) é evocada com emoção, em um adendo,

---

14. Trata-se de Margarida de Gramont, dama de companhia de Margarida de Angoulême (1492-1549), ou Margarida de Navarra, irmã do rei Francisco I e mãe de Joana d'Albret (rainha de Navarra e mãe do futuro Henrique IV). Cf. *Les Essais*, Livro II, trad. em francês moderno do texto da edição de 1595 por Guy de Pernon, p. 575, nota 2. Disponível em: <http://epicurienhedoniste.blogspot.com.br/2012/07/montaigne-les--essais.html>. [N.T.]
15. Cf. *Les Essais*, Livro II, trad. em francês moderno do texto da edição de 1595 por Guy de Pernon, p. 79, nota 1. Disponível em: <http://epicurienhedoniste.blogspot.com.br/2012/07/montaigne-les-essais.html>. [N.T.]

no exemplar de Bordéus. Nesse trecho, volta a aparecer o tom exaltado já encontrado na evocação de La Boétie, aliás, tom utilizado raramente nos *Ensaios*:

> Só ela me interessa hoje no mundo [...]. A apreciação que ela — mulher nesta época, tão jovem e solitária em sua província — fez de meus primeiros *Ensaios*, e a veemência notável de sua amizade por mim, além do desejo que alimentava, há muito tempo, de entabular relações comigo, unicamente em razão da estima que eu lhe inspirara, e bem antes de me conhecer, são particularmente dignos de apreço (ibidem).

Enfim, Margarida de Valois (1553-1615) — conhecida como Rainha Margot, filha de Henrique II e de Catarina de Médici, tendo casado com Henrique IV, em 1572 —, a quem Montaigne se dirige, segundo se presume, na "Apologia": "Por vossa causa, dei-me ao trabalho de elaborar uma apresentação muito mais longa, contrariamente a meus hábitos [...]" (2, XII, p. 272). Tal esforço tem, portanto, um motivo: dissipar os mal-entendidos oriundos do uso da razão na abordagem das verdades da fé. A razão não é onipotente; além disso, o homem permanece desprotegido e miserável enquanto não tiver sido tocado pela graça divina. Ao ceder a Deus, ao apresentar-se como fideísta, Montaigne pode ter construído, de acordo com a opinião de André Tournon, uma estratégia para evitar qualquer "tipo de vassalagem" às "seitas teológicas" ou às "panelinhas de políticos" (*Montaigne: la glose et l'essai*). Nesse caso, como já foi evocado, é preferível "deixar que Deus se interprete a si mesmo":

> Deus é o único que tem a possibilidade de se conhecer e de interpretar seus atos (2, XII, p. 224).

Curiosamente, a irmã de Montaigne, Jeanne de Lestonnac, excelente helenista, não aparece nos *Ensaios*. Mas será que alguém é amigo das próprias irmãs? Provavelmente menos do que em relação à esposa, porque, para o filósofo, um bom casamento deve imitar a amizade no aspecto em que ele supõe "uma associação de duas vidas, cheia de constância e confiança" (3, V, p. 189; III, 5, B, 851). Com certeza, o casamento implica também obrigações, e para alguém que detesta "qualquer espécie de ligação e de obrigação" (ibidem, p. 190) é difícil defender essa instituição; no entanto, ocorre que as obrigações do casamento são "mútuas" (ibidem, p. 189) e é possível dedicar-se com esmero à construção do que o exemplo social nos impele a seguir.

4. A mística das leis

Montaigne não é um homem de obrigações, mesmo que ele afirme "o cumprimento de certos deveres em benefício da sociedade" (3, X, p. 306); aliás, não deveríamos servir o próprio príncipe por "livre escolha de [nosso] julgamento e de [nossa] razão" (3, IX, p. 291; III, 9, B, 988)? Considerando que "a natureza nos fez livres de quaisquer compromissos" e que, por outro lado, "nos deixamos prender a determinados lugares" (3, IX, p. 280), por que adicionar a semelhante prisão o zelo de apegar-se a isso? Montaigne condena abertamente a intensa afeição de Sócrates por seu torrão natal, postura que o levou a aceitar o veredicto de sua cidade — trata-se de uma das raras críticas feitas ao filósofo grego. Quanto a Montaigne, ele não pertence ao número daqueles que apreciam o ar natural do próprio país. Eleito prefeito de Bordéus, aceita tal incumbência pelo fato de terem chamado sua atenção para "o amor pela pátria", sem que ele próprio confesse diretamente tal afeição; ao envolver-se com os "cargos públicos", nem por isso deixa de ocupar-se consigo mesmo (cf. 3, X, p. 306).

É o próprio rei Henrique III — em uma carta que o soberano envia a Montaigne na ocasião em que este se encontra na Itália — que lhe "dá ordem e o intimida de maneira categórica e sem demora, nem desculpas", a retornar para assumir o cargo. No entanto, "Montaigne, enquanto prefeito, e Montaigne simples particular foram sempre homens distintos", uma vez que as funções públicas têm a ver com "algo de cômico" e que, por conseguinte, convém estabelecer sempre com nitidez a distinção entre "a pele e a camisa" (3, X, p. 309). Não há nenhuma imanência racional no fato de obedecer ao poder político:

> Não é minha razão que é levada a curvar-se e abaixar-se, mas apenas meus joelhos (3, VIII, p. 252).

A subjugação está de tocaia. A servidão voluntária descrita pelo amigo La Boétie encontra um eco considerável em Montaigne:

> Os homens dão-se de aluguel. Suas faculdades não lhes pertencem, mas a quem eles se escravizam; são os locatários que vivem neles e não eles próprios (3, X, p. 304).

Montaigne deve manter-se longe do poder, mesmo que o prefeito não possa distanciar-se: "o bem público exige a traição, a mentira e o massacre" (3, I, p. 142). Como é que esse requisito poderia ter o aval de quem odeia, acima de tudo, a mentira? Montaigne não é príncipe, mas ele sabe o quanto a mentira de Estado pode ser rentável, à maneira como Platão a tinha elogiado nas suas obras

A república e *As leis*: a mentira nobre faz parte dos vícios a respeito dos quais "a necessidade comum suprime a verdadeira qualidade" (ibidem), uma vez que os príncipes vão usá-los para "a costura de nossa ligação" (ibidem); ou, dito por outras palavras, na perspectiva de consolidar o vínculo social. Mas este permanece para sempre opaco.

Esse vínculo social, consolidado pelas leis, não estabelece a amizade entre os homens. O objetivo de um grande número de pessoas na instituição de leis consiste em que estas sejam racionais; entretanto, ao darem origem a múltiplas interpretações, elas acabam por tornar-se opacas e por dissipar a verdade. É bem ingênuo acreditar que as interpretações jurídicas sejam capazes de retirar a rigidez e a injustiça "como se houvesse menos animosidade e violência em comentar do que em inventar" (3, XIII, p. 349). Entre a infinidade dos casos que surgem e o quadro limitado e previsto dos casos contidos na jurisprudência, existe tal desproporção que é preferível deixar o julgamento "às circunstâncias e à análise momentânea, sem se aferrar a precedentes, nem a consequências" (ibidem).

O desenvolvimento da jurisprudência acaba aumentando a confusão sociopolítica:

> O rei Fernando[16], ao enviar colonos para as Índias [Ocidentais], determinou muito sabiamente que não fosse mandado nenhum especialista de jurisprudência, a fim de evitar que os processos viessem a proliferar nesse novo mundo. Ele considerava que essa ciência engendrava, por natureza, altercações e dissensões (ibidem, pp. 349-350).

---

16. Fernando V (1452-1516), rei de Espanha; ele e a esposa, Isabel de Castela, receberam do papa Alexandre VI o direito de serem chamados "os Reis Católicos". Em 1492, com a rendição de Granada, cessava o domínio árabe na Península Ibérica, e a Espanha podia agora concentrar-se na colonização das Américas.

Esse rei, no assunto em pauta, tem um predecessor famoso, "ao julgar que, na esteira de Platão, juristas e médicos são maus elementos em um país" (ibidem, p. 350). Em sua obra *A República*, o filósofo grego tinha enfatizado que o desenvolvimento da jurisprudência e da medicina é implementado mediante uma coação excessiva: o corpo, seja o da sociedade, seja o do indivíduo, fragilizado e doente, serve-se dessas ciências como último recurso, e contra a vontade, pelo fato de ser incapaz de proceder de outra forma.

Assim, se obedecemos às leis, é unicamente porque se trata de leis e não porque elas sejam justas: "Esse é o fundamento místico de sua autoridade" (ibidem, p. 354). Obedecer às leis ainda não é ter estima por elas; para estimá-las, seria necessário que elas fossem inspiradas pela virtude, circunstância raramente verificável. A diversidade de formas jurídicas impede a pretensão de que haja, na base, uma essência comum natural:

> São divertidos os que, a fim de outorgar maior autenticidade às leis, dizem que algumas são perpétuas e imutáveis, designadas por eles como naturais; elas estão impregnadas no gênero humano pelo próprio fato de sua essência específica (2, XII, p. 289).

Considerando que a vida é, por essência, "irregular", ela não pode assumir essa forma "imutável". Assim, a autoridade das leis tem a ver com o uso e não com a natureza; aliás, "a forma mais conveniente e essencial de governo de uma nação depende somente dos costumes" (3, IX, p. 267). Trata-se, de alguma forma, de aprimorar "a ligação fortuita" que nos leva a agrupar-nos em determinada sociedade; daí a vontade de mudar o regime ser "erro e loucura" (ibidem). É possível, certamente, "consertar uma peça estragada", mas não "empreender a reforma de uma tão grande massa" (ibidem, p. 268).

A virulência de Montaigne contra as mudanças políticas radicais pode ser explicada pelas contestações protestantes contra a monarquia católica. Trata-se de evitar as "*nouvelletés*" para "conservar e fazer perdurar o que é possível sem ruído e sem que o percebam. As inovações conseguem um grande realce, mas não são recomendáveis em épocas como a nossa em que, sobretudo, temos de nos defender contra as *nouvelletés*" (3, X, p. 318). Mas, para indicar sua desaprovação de uma revolução política, Montaigne apoiar-se-á em Platão:

> Platão não admite tampouco que se violente a tranquilidade de um país para reformá-lo [...] (3, XII, p. 332).

Montaigne denuncia, em particular, as justificativas de natureza religiosa, evocadas pelos defensores da mudança de regime, aliás, aqueles que tinham instrumentalizado a obra de La Boétie em tão "má época". Haverá alguém que, por insuficiência mental, se deixe convencer de que vai "fornecer seu apoio à sacrossanta doçura e justiça da palavra divina", "ao derrubar o Estado, o magistrado e as leis sob a tutela dos quais Deus o havia colocado" (ibidem, pp. 332-333)?

Da mesma forma, "é perigoso reconduzir [as leis] à sua origem", considerando que o início das sociedades é, na maior parte do tempo, pura violência, de acordo com a demonstração de Jean Bodin. A validade das leis, oriunda de nosso dever em cumpri-las, implica uma análise das origens, frequentemente, confusas. Isso pode ser lido como uma atitude conservadora, mas também como um ponto de vista positivista sobre o direito; ora, para respeitar a diversidade das leis em diferentes sociedades, esse ponto de vista abstém-se de reconduzi-las a uma origem comum de validação, à semelhança do direito natural.

A obediência às leis de seu país ocorre segundo uma contingência que se tornou regra e não segundo uma obrigação necessária, como havia preconizado Sócrates ao desejar submeter-se, a qualquer preço, às leis de sua cidade. Montaigne sublinha a lição platônica exposta em duas obras do filósofo grego, *A República* e *As leis*. As fábulas e as poesias são úteis para a cidade: "Em suas leis, [Platão] preocupa-se em recomendar que sejam recitadas, em público, poesias cujas narrativas imaginárias venham a tender para alguma finalidade útil" (2, XII, p. 235); aliás, existem "mentiras nobres ou proveitosas" que servem para aglutinar a sociedade. O mesmo Platão "exprime-se abertamente em *A República* que, para ser útil aos homens, é necessário com frequência enganá-los" (ibidem).

Apesar de ser prefeito de Bordéus, e encontrando-se fora dessa cidade quando ela foi atingida pela peste, Montaigne achou por bem evitar o retorno para participar da eleição do seu sucessor, em 1585, tendo preferido o ar saudável de Libourne. Vivendo em um período de doenças mortais e de guerras civis, travadas regularmente entre católicos e protestantes, Montaigne assiste a uma "agonia pública" (3, XII, p. 335; III, 12, B, C, 1046) e habita em uma região em que "a paz nunca foi completa" (3, IX, p. 279; III, 9, B, 971).

Montaigne tem Veneza (cf. 1, LV, p. 342)[17] como Rousseau terá Genebra: um lugar em que a liberdade é levada em consideração e, aliás, escolhido pelo filósofo como pátria de coração. Do mesmo modo, ele faz o elogio da "velha Roma livre, justa e florescente" (3, IX, p. 300).

---

17. Cidade visitada por Montaigne, em 1580. Cf. *Les Essais*, Livro I, trad. em francês moderno do texto da edição de 1595 por Guy de Pernon, p. 457, nota 10. Disponível em: <http://epicurienhedoniste.blogspot.com.br/2012/07/montaigne-les-essais.html>. [N.T.]

5. A religião

O clima da Reforma acaba sendo um fator de divisão na família de Montaigne: o irmão, Thomas de Beauregard, e a irmã, Jeanne de Lestonnac, escolhem o campo protestante, religião adotada por 15% da população de Bordéus, por volta de 1555. Montaigne, por sua vez, afirma solenemente que nada será dito por ele "contra as santas prescrições da Igreja Católica, Apostólica e Romana" (1, LVI, p. 342), na qual ele nasceu e morrerá. Todos nós temos a religião de nossa babá: é por encontro fortuito ou destino que "recebemos nossa religião, a nosso modo e a nosso bel-prazer, como é recebida qualquer outra religião; ocorre que nascemos na região em que ela era praticada" (2, XII, p. 178). Tal recepção da religião segundo o destino, e a indicação de que a fé nos é dada mediante uma graça extraordinária, transforma esta última em "uma das facetas do destino".[18]

Ela prodigaliza-nos, de alguma forma, uma comunicação com Deus, cujo conhecimento permanece impossível para nós, mas pode ser glorificado através de nossas orações e de nossas súplicas. Do ponto de vista dos seres humanos, Deus está inteiramente na invocação; do seu próprio ponto de vista, ele é pura potência impossível de circunscrever por nosso conhecimento. Qualquer frase iniciada por "Deus não pode..." está repleta de presunção humana, mesmo que à maneira de Plínio[19] comecemos por dizer que Deus não pode cometer suicídio, nem modificar o passado:

---

18. Michel Butor, *Essais sur les Essais*, Paris, Gallimard, 1968, p. 137.
19. Plínio, o Velho (23-79), autor romano, nomeadamente, de uma *Naturalis Historia* [História natural], vasto compêndio das ciências antigas distribuído em 37 volumes, bastante apreciada nesse século XVI apaixonado por descrições pitorescas sobre seres estranhos ou monstruosos.

Sempre se me afigurou que, da parte de um cristão, é uma maneira de falar, absolutamente indiscreta e irreverente, dizer: "Deus não pode morrer", "Deus não pode desdizer-se", "Deus não pode fazer isto ou aquilo". Acho errado circunscrever assim o poder divino nas leis que regem a maneira de nos exprimir [...] (2, XII, p. 247).

Estando fora de nossa capacidade de exprimi-lo, tal poder é "incompreensível"; a esse respeito, convém adotar a opinião "mais verossímil e judiciosa" (2, XII, p. 235).

E as lutas religiosas entre os defensores da Reforma e os partidários da Igreja Católica — as guerras civis daí resultantes — são apenas confusão que se apoia nessa presunção ensandecida de ter acreditado na capacidade de interpretar Deus.

O "fideísmo de Montaigne tem um propósito antropológico"[20], focalizando-se muito mais sobre a contingência humana do que sobre os poderes de Deus; ele reconduz o homem a sua "lei municipal", bem particular, uma vez que permanece grudado ao "cubículo" em que ele se aloja, sem nenhuma compreensão da "jurisdição infinita" (ibidem, p. 245) de Deus que se estende muito além do que ele possa abarcar. A superioridade do catolicismo em relação ao protestantismo consiste em não esquecer a "natureza maravilhosamente corporal" do homem, em estar assim em consonância com ele; os protestantes, por sua vez, pretenderam "construir, nestes últimos anos, um exercício da religião tão contemplativo e imaterial" (3, VIII, p. 249) que se afastaram do homem, cuja alma está costurada estreitamente ao corpo.

---

20. Hugo Friedrich, op. cit., p. 120.

Quanto às guerras civis e às diversas censuras daí resultantes, Montaigne baseia-se no imperador Juliano, cognominado "o Apóstata"[21]: além de estar longe de qualquer zelo religioso, ele convocou "os prelados da Igreja Cristã" e "convidou-os insistentemente a aplacar suas dissenções civis de modo que cada um, sem obstáculo nem receio, pudesse praticar sua religião" (2, XIX, p. 360), instaurando assim uma "liberdade de consciência", aliás, título desse ensaio XIX; entretanto, o zelo religioso acaba por destruí-la mediante os excessos da censura que, às obras de literatura, acarreta prejuízos mais consideráveis "do que todos os incêndios perpetrados pelos bárbaros" (ibidem, p. 358).

Há uma grande difusão da Reforma, especialmente entre os letrados, a partir de meados do século XVI. Por uma espécie de "tranquilidade", o catolicismo ganhou, de acordo com Montaigne, uma maior opacidade e corrupção, em vez de maior clareza e virtude: "Nossa religião tem por objetivo erradicar os vícios; afinal, ela acaba por dissimulá-los, alimentá-los e incentivá-los" (2, XII, p. 177), porque o homem acomodou-se às suas "paixões deletérias", "lisonjeando sua justiça mediante uma vingança desumana" (ibidem, p. 242).

Assim, não é certo que, apesar de promover o tumulto, o protestantismo seja apenas negativo; pelo contraste que instaura, ele é "um efeito da Providência" para despertar "as almas piedosas e retirá-las da ociosidade e do sono em que as tinha mergulhado um tão longo período de tranquilidade" (2, XV, p. 317; II, 15, 615 A). Desse modo, pode acontecer que o "prejuízo" oriundo das lutas religiosas, travadas no decorrer do século, seja "superado" (ibidem) por alguma utilidade.

---

21. Por ter renegado o cristianismo, religião na qual tinha sido criado; cf. *supra*, p. 40, nota 17.

Para evitar que a religião venha a provocar massacres, é preferível limitar-se a dar sua opinião, sem se intrometer na crença religiosa:

> É verdade que os assuntos fantasistas propostos por mim não passam de simples fantasias humanas, considerados isoladamente, e não como fixados e já regulados pela lei divina, incapazes de suscitar a dúvida ou qualquer discussão; é minha maneira de ver, e não um artigo de fé (1, LVI, p. 347).

Considerando que não estamos fora de nós, obscurecidos pela doença ou por "um arrebatamento celestial" (2, II, p. 109), resta-nos ainda nossa inteligência, ponderada e plenamente humana, para descortinar, através de opiniões e de "fantasias humanas", os assuntos referentes à religião, sem pretender abordá-la do ponto de vista da fé; esta, por sua vez, coloca-nos em uma relação incomensurável com Deus, sem nos fornecer qualquer ideia a esse respeito (1, LVI, pp. 346-347).

Montaigne foge das convenções sociais sem esquivar-se das responsabilidades, tratando-se do casamento ou da vassalagem ao rei; ele esforça-se sobretudo por ser fiel à palavra dada, em vez de fazer promessas ou de imaginar novos deveres (3, V, pp. 219-220). Existe realmente uma margem — e, até mesmo, um fosso — entre cumprir suas responsabilidades e fazer promessas: confundir essas duas atitudes é uma forma de subscrever a servidão voluntária ou as falsas justificativas. A religião, assim como a política, não nos compelem à revolta nem à contestação quando, a seu respeito, agimos com simples circunspecção. As disputas políticas e religiosas, travadas acirradamente na época de Montaigne, estimularam no filósofo — parcimonioso em suas ações — um senso mais depurado em relação a seus compromissos. O fato de agir pouco não o impede de "dar-se por inteiro" (3, II, p. 158) ao que ele faz: eis o que comprova o compromisso cordial, como é testemunhado por seu livro.

VI
A gramática do luto

> *O próprio som destas expressões que ressoam nos nossos ouvidos — "Meu pobre mestre!" ou "Meu grande amigo!", "Ai, meu querido pai!" ou "Minha querida filha!" —, quando me lembro dessas frases e procuro examiná-las de perto, vejo que essas queixas não passam de palavras e ruídos sem sentido real que me ferem a sensibilidade.*
>
> Montaigne, Ensaios, 3, IV, p. 177

1. A perda

Uma das inscrições votivas da *librairie* indica que Montaigne está "acabrunhado por ter perdido esse tão apreciado apoio de sua vida" e, na conclusão, acalenta a expectativa de homenagear a memória do amigo. Tal luto é também melancolia; na realidade, esta vem contrariar o temperamento de Montaigne, que tende naturalmente a ser alegre. Todavia, ao instalar-se nele, vai obrigá-lo a convertê-la em projeto de escrita:

> Uma melancólica disposição de espírito — e, por conseguinte, bastante oposta ao meu temperamento

natural —, produzida pelo desgosto da solidão em que tenho vivido há alguns anos, é que fez surgir inicialmente na minha cabeça esse devaneio de começar a escrever (2, VIII, p. 135).

Na medicina galênica[1], o temperamento é o equilíbrio de quatro humores: sangue, atrabílis (melancolia), bile (cólera), fleuma. Como já foi evocado, a perda do pai e do amigo tornou-se um fator determinante em sua escrita; verificou-se também a de Guy du Faur[2] — a quem Jean Bodin havia dedicado sua obra *Les Six Livres de la République*[3] — e a de Foix[4], ambas consideradas por Montaigne como "rudes golpes para a Coroa" (3, IX, p. 267). Tais perdas são vinculadas ao exílio em que se encontram as almas singulares: considerando a honestidade desses homens, eles experimentaram as maiores dificuldades para sobreviver em sua época. À semelhança de Pierre de Ronsard[5], o *seigneur* de Pibrac advogava de preferência uma atitude intransigente em relação aos partidários da

---

1. Referência a Galeno (131-210), proeminente médico grego; a partir de seus trabalhos, constituiu-se um saber na área da medicina comentado e utilizado até o final do século XVII.
2. *Seigneur* de Pibrac (1529-1584), conselheiro no parlamento de Paris, em 1553; um dos três representantes do monarca francês no Concílio de Trento, em 1562; em seguida, conselheiro de Estado, em 1570, além de conselheiro próximo de Margarida de Navarra, mas acabou perdendo rapidamente as boas graças da rainha.
3. Ver *supra*, p. 22, (ano de 1577), referência a essa obra. [N.T.]
4. Paul de Foix (1528-1584), arcebispo de Toulouse, diplomata e conselheiro da rainha Catarina de Médici; durante muito tempo, carregou a reputação de ser um simpatizante da reforma protestante. Cf. Pernon, Livro III, p. 215, nota 18. Disponível em: <http://www.youblisher.com/p/124651-Les-Essais-de-Montaigne-livre-III/>. [N.T.]
5. Cf. complemento de informação nas "Referências cronológicas", ano de 1553, p. 15. [N.T.]

Reforma. Quanto a Monluc⁶, ao perder o filho — a quem, enquanto estava vivo, não havia sido capaz de testemunhar nenhuma afeição —, falecido na ilha da Madeira, em 1566, ele continuará a ser atormentado pelo desgosto, uma vez que a perda nesse caso não pode ser atenuada:

> E esse pobre rapaz, dizia ele, nunca me viu senão carrancudo e totalmente desdenhoso, tendo ficado com a crença de que eu não o soube amar, nem apreciar seus méritos (2, VIII, p. 144; II, 8, A, 395).

Somente "a comunicação perfeita de ideias e emoções" que teria sido mantida com aqueles que já faleceram, o fato de "não ter esquecido o que quer que fosse do que cumpria dizer-lhes", pode "suavizar" (ibidem) a tristeza experimentada por essa perda.

O amigo de predileção, La Boétie, mantinha certamente com Montaigne essa "comunicação perfeita", que, aliás, é convocada para prolongar-se sob a forma dos *Ensaios*. Ao reservar uma posição central a La Boétie no ensaio XXVIII — "Da amizade", Livro 1 (pp. 242-252) —, o filósofo considera seu texto como uma figura decorativa feita de "elementos grotescos" que preenchem os vazios à volta da obra do amigo; Géralde Nakam, inclusive, chega a qualificar os *Ensaios* como o "'tombeau'⁷ vazio de La Boétie" (*Montaigne et son temps*, p. 230). Montaigne teve de assumir outra perda por não ter conseguido introduzir — como havia previsto inicialmente (1, XXVIII, p. 251) — o *Discours sur la servitude volontaire* no cerne dos *Ensaios*:

---

6. Marechal Monluc, falecido em 1577, a quem Montaigne dedica um longo trecho — cf. 2, VIII, pp. 144-145 — sobre a não comunicação entre pai e filho, em particular o "aspecto carrancudo e desdenhoso do pai" que deixa o marechal inconsolável.
7. A propósito desse termo, cf. p. 39, nota 13. [N.T.]

[Esse texto] não deixa de ocupar sozinho o âmago de sua obra diante do que vem apenas de si mesmo.[8]

O pai, Pierre de Eyquem, tinha encomendado uma tradução do livro de Raymond Sebond (2, XII, p. 174). La Boétie, por sua vez, deixa-lhe alguns textos para publicar, entre os quais se encontram sonetos, além do *Discours sur la servitude volontaire* e traduções de Plutarco e de Xenofonte (1, XXVIII, p. 242); para "evitar a perda de um tão fecundo nome como o seu [La Boétie] e de uma memória tão digna de ser recomendada" ("Lettre à M. de Mesme"), Montaigne faz questão de divulgar as obras do amigo. Se, porventura, ele ainda estivesse vivo na época da redação dos *Ensaios*, Montaigne teria desejado endereçar-lhe cartas, manter "intercâmbio" com ele por esse meio (1, XL, p. 293); já existia, portanto, objetivamente matéria para escrever. A isso mistura-se o desejo indelével de assumir tal luto através dessa atividade. Com efeito, a perda do amigo inscreve em sua vida a carência de ser: "Desde o dia em que o perdi [...], nada faço além de arrastar-me melancolicamente" (1, XXVIII, pp. 250--251). Mas La Boétie, mesmo ausente para sempre, continua vivo no pensamento de Montaigne:

> Ele está ainda instalado em mim tão inteiro e tão vivo que tenho a maior dificuldade em acreditar que ele já esteja definitivamente enterrado e para sempre afastado de nosso intercâmbio ("Lettre à M. de Mesme", p. 551).

É que a presença do outro pode desviar-nos de pensar nele. Sua ausência, pelo contrário, vai instalá-lo no centro de nosso pensamento: "Esse desejo insaciável da presença corporal revela certa fraqueza na capacidade de gozo dos

---

8. M. Butor, op. cit., p. 77.

espíritos" (3, IX, p. 283). Mas a perda do ser amado não é simples ausência; nesse caso, o luto faz-se, para Montaigne, mediante uma "diversão", uma maneira de pensar em outra coisa, de ocupar seu tempo, de deslocar-se de um lugar para outro. Em vez de amestrar a alma, o luto consiste em substituir o pensamento por "uma ideia contrária, se possível, ou, pelo menos, diferente" (3, IV, p. 176; III, 4, B 836). Como embotar o pensamento da perda do ser amado senão pela travessia de "tantas outras cogitações"? Tal expediente não chega a enfraquecer essa ideia penosa, mas desde a ocorrência da morte houve tantos outros pensamentos que esta continua viva como "no primeiro ano" e, ao mesmo tempo, como esbatida: como "no primeiro ano", em si mesma; e, como esbatida, pelos outros pensamentos que posteriormente se entrechocaram em nossa mente.

Por ocasião da morte de La Boétie, Montaigne — tendo necessidade de uma "diversão veemente" para distrair-se da perda do amigo — "apaixonou-se pela escrita para dedicar-se ao estudo desse sentimento". Tal exercício da separação ou da disjunção, em vez do aprofundamento, do reexame repetitivo ou da dramatização, é de longe mais cômodo que o esforço difícil de fazer, como diria Descartes, "reflexão sobre a divina providência" e pensar que as coisas não poderiam ter ocorrido de outra forma. Existe como que uma cilada no reexame repetitivo e na dramatização porque, mediante esses meios, a dor é amplificada em vez de ser aliviada. As exclamações — como "Meu grande amigo! Ai de mim! meu querido pai!" — "são queixas que não passam de palavras, de ruídos sem sentido real" (ibidem, p. 177); é o exagero da expressão que leva o sentimento a tornar-se excessivo, e não o inverso.

Montaigne assina aqui páginas contra a "linguagem privada" da dor ou da queixa. Além dos tumultos do mundo que têm o aspecto "de palavras, de ruídos sem sentido real", existe o que pensamos ser nosso luto íntimo e para o qual determinadas culturas, com pleno discernimento acerca do caráter público da queixa, não hesitam em alugar carpideiras para chorarem durante as "cerimônias funerárias": tais pessoas "vendem suas lágrimas a quem as comprar, regulando sua emoção de acordo com a importância paga, e sua tristeza", de tal modo que a dor, apesar de fingida, torna-se real porque o lamento, por fenômeno retroativo de seus efeitos viscerais, acaba por engendrar uma "verdadeira melancolia" (3, IV, p. 178).

O luto tem, portanto, sua gramática e suas regras inexoráveis feitas de mimetismo de sofrimento que vai até a provação da dor em um regime, simultaneamente, visceral — em que, tendo sido desencadeada, ela se mantém por si mesma — e empático, mediante o qual a visão de outrem em prantos provoca as lágrimas. Essa é uma atitude significativa, como é demonstrado pelo exemplo de tantos atores que, à força de representar a dor, acabam por experimentá-la de certa forma. Os melhores entre eles fazem, certamente, tal separação sem a garantia de que sejam capazes de resistir às palavras:

> E conta Quintiliano[9] ter visto comediantes tão compenetrados de seu papel de luto que ainda choravam de volta a sua casa (3, IV, p. 178; III, 4, C, 838).

No final da obra *As paixões da alma*, Descartes parece lembrar-se desse capítulo IV — intitulado "Da diversão" — do Livro 3 dos *Ensaios*. O que ele apresenta como "o remédio geral contra todos os excessos das

---

9. Quintiliano, professor de retórica (século I), autor de *De institutione oratoria* [Acerca da formação do orador], obra composta de doze livros; teve como alunos várias personalidades romanas, dentre as quais o imperador Adriano e o orador Plínio, o Jovem.

paixões" é efetivamente essa disjunção ou separação referida por Montaigne. Nas paixões funestas, tais como a vingança, trata-se de apresentar "a beleza dos sentimentos contrários" (ibidem, p. 174), disse Montaigne; Descartes, da mesma forma, indicará que a vontade, em semelhante caso, deve aplicar-se "principalmente a considerar e a seguir as razões contrárias àquelas que a paixão representa, ainda que pareçam menos fortes".[10] Ao desejo de fugir, deveria opor-se uma resistência, e quando se torna premente o desejo de vingar-se e avançar contra o outro inconsideradamente convirá "pensar que é uma imprudência o perder-se, quando é possível sem desonra salvar-se [...]" (ibidem, p. 304).

2. A dissociação

Descartes indicava que o corpo contribuía para esses movimentos contrastantes, portanto, dissociados, uma vez que o filósofo propõe "exercitar-nos em estabelecer a separação em nós entre os movimentos do sangue e dos espíritos, por um lado, e, por outro, os pensamentos aos quais costumam estar unidos [...]" (ibidem, p. 304). Quanto a Montaigne, ele dá bastante ênfase a essa arte da dissociação: em vez de substituir pensamentos tristes por pensamentos alegres, de acordo com o mecanismo que consiste em convocar sistematicamente as ideias contrárias, trata-se de traduzir essas formas de separação no próprio corpo.

Existe, em primeiro lugar, o joelho que se dobra diante de meu rei sem que minha razão se incline (3, VIII, p. 252); esta permanece livre, permitindo-me criticar os costumes desse mesmo rei sem "ser sedicioso em meu

---

10. Descartes, *Les Passions de l'âme*, terceira parte, art. 211, Paris, Vrin, p. 217.

coração". Existe também a *mão* que me faz levar a sério um problema sem que haja a interferência de meus pulmões e de meu fígado (3, X, p. 303).[11] Existe o ombro: basta manter-se firme ao carregar a arma sem que por isso minha coragem se torne rígida. Existe, enfim, o ouvido que está pronto a registrar a superstição, sem que o julgamento venha a aderir a suas lorotas. É a maneira de ficar a serviço dos outros, limitando-se a dar a si mesmo. Existem, igualmente, as três línguas utilizadas segundo as partes distintas do corpo: a língua falada (o gascão), a língua lida (o latim) e a língua escrita (o francês).

Cada uma dessas três línguas tinha seu registro sensível — o ouvido, a mão e o olho — uma vez que o gascão era a língua que ele falava; o francês, a língua que escrevia; e o latim, a língua de leitura mais comum em sua *librairie*.[12]

3. O espaço de cada um e a graça divina

Antes de morrer, seu amigo solicita-lhe em um estado próximo ao delírio febril para reservar-lhe um espaço:

---

11. No original: "Si quelquefois on m'a poussé au maniement d'affaires estrangieres, j'ay promis de les prendre en main, non pas au poulmon et au foye [...]." Cf. Livro 3, cap. X, p. 1004. Disponível em: <http://artflsrv02.uchicago.edu/cgi-bin/philologic/getobject.pl?c.0:4:9.montaigne>. [N.T.]
12. Albert Thibaudet, "Montaigne et Alphonse Daudet", in *Réflexions sur la littérature* [artigos publicados na NRF entre 1912 e 1938], Paris, Gallimard, col. "Quarto", 2007, p. 1405. [NRF: *Nouvelle Revue Française*, revista literária e de crítica, fundada em novembro de 1908, cuja publicação é atualmente trimestral. (N.T.)]

— Meu irmão! Meu irmão! Será que você me recusa um espaço? Sob sua coação, acabei por apresentar-lhe argumentos convincentes e por afirmar-lhe que, pelo fato de respirar e de falar, além de ter um corpo, ele tinha por conseguinte seu espaço ("Lettre à M. de Mesme", p. 550).

Os *Ensaios* vão fornecer esse lugar a La Boétie. Mas, de maneira mais geral, Montaigne será sensível à "moradia" que é a nossa neste mundo e o espaço que ocupamos aí:

> O homem habita no patamar mais desprezível da casa e o mais afastado da abóbada celestial (2, XII, p. 184).

Quanto a Deus, seu lugar encontra-se em tal posição que ele não se comunica conosco: isso nos dispensa de conferir-lhe atributos, como fazem os teólogos racionalistas que avaliam o dado revelado mediante suas razões, que, afinal de contas, não passam de "opiniões". A pretensão, baseada na presunção humana, de conhecer Deus apoia-se em uma confusão dos espaços a ocupar: na busca de conhecer Deus, o homem projeta-se nele sem alcançá-lo. Nesse aspecto, Santo Agostinho serve de referência a Montaigne:

> Ao acreditarem pensar em Deus (de quem não têm ideia), os homens pensam em si mesmos; eles comparam-se a si próprios e não a Ele (trecho de *A cidade de Deus*, XII, 18, 2, citado em 2, XII, p. 251).

No entanto, há efetivamente um espaço atribuído na ordem divina, mas não é o homem que o atribui a Deus: é este quem instala no homem, por força extraordinária, a graça da fé. A utilidade do pirronismo consiste em deixar o homem nu e vazio, consciente de sua fraqueza natural e suscetível de receber de cima alguma força estranha; desprovido da ciência humana, ele acha-se tanto mais apto para albergar a ciência divina, aniquilando seu julgamento a fim de reservar maior *espaço* à fé [...] (2, XII, p. 230).

Essa última fórmula — que será encontrada quase literalmente em Kant — "alberga-se" perfeitamente nos *Ensaios*.

Temos de reservar um recanto pessoal[13], independente, em que possamos estabelecer nossa verdadeira liberdade e que se torne nosso principal retiro, deixando-nos absolutamente sozinhos (1, XXXIX, pp. 283-284).

Essa *arrière-boutique* é, na maior parte das vezes, a biblioteca (3, III, p. 171):

Folheio ora um livro, ora outro, sem ordem, ao acaso; ora fico sonhando, ora tomo notas e pronuncio em voz alta, passeando, os devaneios que aqui se registram. Essa *librairie* situa-se no terceiro andar de uma torre (ibidem, p. 170).

A mais espiritual das filiações é também questão de espaço geográfico: "Somos cristãos como somos perigordinos ou alemães" (2, XII, p. 178). Por não termos recebido a graça divina, dispomos de um espaço. O fato de nascer cristão em um lugar qualquer não é ainda sinal de fé, cujo sentido pleno significa que Deus nos abraça com um amplexo "sobrenatural" (ibidem, p. 179).

---

13. No original, *arrière-boutique*; cf. p. 89, nota 2. [N.T.]

4. Nada de puro

"Não sou melancólico, mas sonhador. Nada há que minha imaginação vasculhe mais do que a ideia da morte" (1, XX, p. 162). Mas o que acontece diante da morte de parentes? O luto é melancolia; aliás, ele nunca é superado completamente. Em decorrência de nossa constituição, ele toma parte em tudo o que vivemos, uma vez que "nada apreciamos inteiramente puro" (título do cap. XX do Livro 2, p. 361):

> Dos prazeres e bens que gozamos, não há um só ao qual não se amalgame algum mal ou inconveniente (ibidem).

Mas, da mesma forma, "não há mal sem compensação" (citação de Sêneca; ibidem, p. 362). Inspirado no trecho do *Fédon* em que Sócrates se mostra surpreendido pelo fato de sentir prazer ao ver as correntes desatadas de seus pés[14] — fazendo assim a experiência da "estreita aliança existente entre a dor e a volúpia" —, Montaigne sublinha "que a natureza deu-nos o sofrimento a fim de realçar a excelência do prazer e da indolência" (3, XIII, p. 370).

Em qualquer lembrança, dizia Aristóteles, há um prazer em ato que vem do fato de que tornamos a coisa do passado como que presente: existe como que uma vergonha por não guardar na memória os seres amados

---

14. "E enquanto [Sócrates] esfregava [a perna] dizia-nos: Como parece aparentemente desconcertante, amigos, isto que os homens chamam de prazer! Que maravilhosa relação existe entre a sua natureza e o que se julga ser o seu contrário, a dor! Tanto um como a outra recusam ser simultâneos no homem [...]. É, assim, que se lhe afiguram as coisas: devido ao grilhão, havia pouco eu sentia dor na minha perna, e já agora sinto prazer!", Platão, *Fédon*, in *Diálogos*, 5ª ed., São Paulo, Nova Cultural, col. "Os pensadores", 1991, pp. 108-109.

falecidos; assim, o desgosto por ter perdido o amigo vai "honrá-lo" e "consolá-lo", uma vez que é um "dever piedoso e agradável de [sua] vida rememorar para sempre os fatos passados" (2, VIII, p. 144). Esse desgosto aparece paradoxalmente como algo mediante o qual Montaigne consegue recuperar suas energias, porque, ao pensar no amigo, ele revive seus melhores anos: se ele compara sua vida com "os quatro ou cinco anos durante os quais [lhe] foi dado gozar a companhia tão amena desse personagem [La Boétie], ela limita-se a ser fumaça; é apenas uma noite de breu e enfadonha" (1, XXVIII, p. 250).

Algo que vem atenuar a melancolia: "Ninguém verá prolongar-se sua infelicidade se não o quiser" (1, XIV, p. 148). Montaigne salienta igualmente que a raiva nos leva para fora de nós, mas também que, ao extrapolar o assunto que a motiva, significa que ela tem origem em outro lugar (2, XXXI — "Da cólera" —, pp. 389-393).

5. *Carregar a doença*

A doença é uma condição natural do indivíduo; ela vive e morre à semelhança de todas as coisas naturais. Frustrá-la de forma impositiva por meio de remédios torna pior seu estado: as enfermidades "têm sua evolução, sua duração limitada já na origem; quem tenta abreviá-las, impondo-lhes sua vontade, vai prolongá-las e multiplicá-las, incentivando-as em vez de apaziguá-las" (3, XIII, p. 367). De acordo com a narrativa de Montaigne, seus antepassados transmitiram-lhe, de maneira bastante significativa, a desconfiança em relação aos médicos: transmissão absolutamente negativa, uma vez que ela se situa do lado da prevenção. E o filósofo herdou do pai a doença das "areias" [*gravelle*]. Ainda segundo sua observação, as enfermidades adaptam-se ao temperamento de cada um. Assim, ele, que é impetuoso, tem uma doença irritável: as cólicas nefríticas em relação às quais os médicos atribuem, com a maior insolência, o trocadilho engraçado de "frenéticas". As enfermidades têm também um componente psíquico, seja ele qual for, e começamos por ter "a pedra na mente" antes que ela se manifeste no corpo, ou seja, uma maneira de dizer que cada um *fabrica* sua doença.

A mente está em estreita articulação com o corpo, ambos estão como que costurados um no outro com uma costura imperceptível, de tal modo que, se o "companheiro" no plano mental tem uma cólica, o parceiro "parece que a sente também" (3, V, pp. 181-182). A mente e o corpo exercem uma influência recíproca; o corpo traduz em sintomas as fantasias da imaginação. Se esta chega a convencer-se de algo, o corpo acaba por materializá-lo: os vômitos podem incomodar alguém depois de ter acreditado que comeu carne de gato ou que engoliu um alfinete, "mas tudo isso pode ser atribuído à íntima ligação entre a mente e o corpo, ao se comunicarem o que lhes ocorre" (1, XXI, p. 175; I, 21, 104 A).

De ambos, no entanto, o corpo é efetivamente o mais frágil, é ele quem solicita nossos cuidados de maneira mais urgente. Tal exigência do cuidado por parte do corpo foi manifestada "de maneira fingida" pelas religiões. Com efeito, a junção do corpo com a alma é tal que as próprias religiões tornam "o corpo suscetível de recompensas eternas [...]" (2, XVII, p. 337). Essa lição é apresentada sob um prisma mais leve, e como que sob uma forma de pirueta, quando Montaigne fala das religiões homenageadas por Platão, ou do islã: deve-se dizer "de maneira fingida" o que alguns pretendem ser "verdade".

Se Platão — conhecido por ser o filósofo da mais elevada abstração, ao descrever a maneira como a alma integra-se no cortejo dos deuses após sua separação do invólucro corporal — fala, no entanto, do "vergel de Plutão" (2, XII, p. 239), é efetivamente para indicar-nos que temos que cuidar do corpo aqui embaixo; trata-se de uma maneira de falar enviesada, "fingida". A mesma lição pode ser extraída do islã: ao descrever o paraíso maometano em termos sensualistas (ibidem, p. 240), o objetivo dessa religião consiste em ensinar aos homens que devem levar em consideração seus corpos, e não em fazer acreditar em uma fruição qualquer do corpo após a morte. A sabedoria não pode consistir na mortificação do corpo:

> Eu, que nunca alço voo, detesto essa sabedoria desumana que procura fazer com que desprezemos o corpo (3, XIII, p. 380).

Costurado à alma, o corpo não pode ser abandonado por ela:

> Por que desmembrar provocando a ruptura de tais elementos que constituem uma associação tão estreita e fraterna? (ibidem, p. 386; III, 13, 1114 B).

No entanto, é variável a intensidade dessa relação ajustada: durante a velhice, o corpo tem maior tendência a falar e, de acordo com a idade, o calor concentra-se um pouco mais nas pernas para a criança, no meio do corpo para o adulto, e no cérebro para o idoso.

6. *Envelhecer*

A velhice não é a antecâmara da morte. Apesar do que se diz, ela não tem um vínculo "natural" com a morte:

E será puro devaneio imaginar que podemos morrer de esgotamento em virtude de uma extrema velhice e assim fixar a duração da vida, visto que essa espécie de morte é a mais rara? Vamos atribuir-lhe, de forma exclusiva, o qualificativo de morte natural como se fosse contrário à natureza ver um homem dar uma queda mortal, afogar-se em algum naufrágio, morrer de peste ou de pleurisia, e como se na vida corrente não esbarrássemos em todos esses acidentes [...] não denominemos natural o que é apenas exceção e guardemos tal qualificativo para o geral, o comum e o universal (1, LVII, pp. 349-350).

Morrer de velhice nada tem, portanto, de natural; deve-se inclusive inverter as coisas de acordo com um paradoxo apreciado por Montaigne. A velhice, longe de terminar na morte, vai segui-la, ocorrendo após a morte em vez de anunciá-la:

[...] a flor da idade morre ao chegar a velhice [...] (2, XII, p. 306).

Em cada dia, morremos para muitas coisas, enquanto a velhice não é de modo algum a idade da lucidez ou da experiência capitalizada, mas a da decrepitude e do encolhimento dos órgãos, assim como da perda de atividade: "As próprias leis relegam-nos ao lar" (3, II, p. 181). A busca que tende a manter seu ascendente no comando da vida não condiz com uma idade em que é preferível ser mais amoroso e menos reivindicativo de parcelas de poder. Em cada dia, o indivíduo perde um pouco mais de sua energia e "esquiva-se" a si mesmo (2, XVII, p. 339). A vida deixa, então, de fazer-nos crédito:

Ela [a juventude] parte à conquista do mundo e do reconhecimento; nós estamos de volta (3, V, p. 181).

As solas de chumbo estão assim atadas a nossos pés e o corpo mantém-se em vigília permanente, longe do silêncio em que banham nossos órgãos quando estes têm todo o vigor da juventude:

[...] chamamos sabedoria aos nossos humores doentios e ao enfado que se apodera de nós. Na realidade, não renunciamos aos vícios, mas acabamos por modificá--los e, em minha opinião, para pior (3, II, p. 162).

Se tivéssemos a certeza de avançar para uma situação mais favorável, todo mundo procuraria ser idoso: "Seria bom envelhecer se continuássemos a nos corrigir". Corpo e mente debilitam-se em conjunto: "É o homem em sua integralidade que se desenvolve e se torna raquítico" (ibidem). Apesar do que se diz, a velhice não é correção por não corresponder a uma compensação das perdas do corpo. O encolhimento da vida não é, de modo algum, um benefício: "Nunca aceitarei de bom grado a impotência por mais útil que possa ser para mim" (ibidem, p. 161). A velhice também não é uma sabedoria. Esse lugar-comum segundo o qual os idosos são, ao mesmo tempo, mais sábios foi denunciado frontalmente por Montaigne:

Envelheci de vários anos, mas duvido que me tenha tornado mais sábio. O eu agora e o eu antes somos efetivamente dois, mas qual é o melhor? Nada posso afirmar a esse respeito (3, IX, p. 272).

A velhice é como o "movimento do bêbado, titubeante, vertiginoso, sem direção definida, ou então como os juncos que se agitam ao sabor dos ventos" (ibidem).

É possível efetivamente fazer florescer "o visco na árvore morta" (3, V, p. 181), mas essa tentativa [*essai*], de acordo com a capacidade de cada um, não conseguirá levar a mente a alçar voo longe do corpo.

Montaigne aborda as diferentes perdas vivenciadas pelo homem sob o prisma da respectiva gramática. Existe a gramática do luto: em situações em que pensamos tratar-se do sentimento mais singular, nada exprimimos além de algo bastante público. Existe a gramática do corpo feita a partir da "articulação" com a mente que nos instrui a respeito de outra mistura: "Nada apreciamos inteiramente puro" (título do cap. XX do Livro 2, p. 361). Enfim, existe a gramática de nosso espaço no mundo que nos leva a compreender que a vida não é desprezível, mas ganha consistência e adquire o valor das ações empreendidas por nós.

VII

A volúpia, a virtude, a morte: entre objetivo e ponto extremo

> *O mundo adquire valor unicamente pelos extremos e só perdura graças aos meios; ele adquire valor unicamente pelos radicais e só perdura graças aos moderados.*
>
> Paul Valéry, *Tel Quel*, caderno B 1910, Paris, Gallimard, col. "La Pléiade", tomo 2, p. 575

1. Morte

Nosso objetivo na vida é, efetivamente, o prazer e não a morte: "A felicidade do homem consiste em bem viver e não [...] em morrer bem" (3, II, p. 161). Quanto à morte, é impossível exercitar-nos a morrer porque só fazemos tal experiência uma vez: "e quando ela chega, todos nós não passamos de aprendizes" (2, VI, p. 125). Em compensação, somos capazes de fazer a experiência dos sinais precursores dessa ocorrência sem precipitá-la — à maneira de quem corresse em direção a seu carrasco —, nem procurar escapar dela por uma série de providências. Assim, convém admirar Sócrates, que se preparou na prisão, durante trinta dias, para esse desfecho:

A meu ver, nada é mais belo, na vida de Sócrates, do que o fato de ter permanecido durante trinta dias, depois de condenado, examinando serenamente a morte iminente, sem emoção, não revelando nenhuma alteração de humor, agindo e conversando, de preferência, com calma em vez de excitação, sob o peso de tal pensamento (2, XIII, p. 310).

De alguma forma, Sócrates esnoba e encara sem rodeios "a consideração da coisa em si" (3, IV, pp. 173-174) que é a morte; aliás, "a coisa em si" não é o não percebido do objeto, como ocorre em Kant, a menos que esse não percebido seja considerado como a morte.

E convém tomar nota dos estados que precedem a morte, tendo como referência aqueles vivenciados por La Boétie na presença de Montaigne.

Podemos aproximar-nos da [morte], reconhecê-la; e se não podemos penetrar no edifício, pelo menos, teremos a oportunidade de ver e percorrer as avenidas de acesso (2, VI, p. 125).

O sono é uma dessas avenidas "em virtude de sua semelhança com a morte" (ibidem). Outra refere-se à queda de cavalo sofrida por Montaigne; seus acompanhantes chegaram a acreditar que estivesse morto e, "na verdade, para se acomodar ao pensamento da morte, creio ser preciso ter se aproximado dela" (ibidem, p. 130). Para além dessas abordagens, não existe nenhum conhecimento objetivo em relação ao que experimentamos uma só vez, algo que é muito mais "um elemento do universo" e não tanto um acontecimento antropológico.

A natureza nos impele a aceitá-lo: deixai, diz ela, este mundo como ocorreu no momento em que entrastes nele; passastes da morte à vida, sem que fosse por efeito de vossa vontade e, sem pavor, tratai de proceder de maneira semelhante na vossa passagem da vida para a morte (1, XX, p. 166).

A própria natureza mostra-nos também

que várias coisas mortas continuam mantendo relações ocultas com a vida. O vinho altera-se nas adegas de acordo com a mutação das estações de seu vinhedo. E dizem igualmente que a carne de animais mortos na caça e conservada em salgadeiras modifica-se e muda de gosto, tal qual acontece com a desses mesmos animais quando vivos (1, III, p. 110).

Será que se trata de lembranças relatadas por sua família paterna, cuja fortuna inicial era proveniente do comércio de peixe salgado? Isso é possível.

As leituras de Ovídio e de Lucrécio[1] são reproduzidas nos *Ensaios* para sublinhar o quanto a morte engendra a vida, passando-lhe como que o bastão ao acelerar a renovação da natureza. Vida e morte operam em nós a partir dos mesmos ingredientes:

A água, a terra, o ar, o fogo e tudo o que constitui meu domínio são instrumentos tanto de tua vida quanto de tua morte (1, XX, p. 168).

---

1. No final de "Apologia de Raimond Sebond", Montaigne tem um "momento" heraclitiano, no qual tudo é efêmero na natureza. Ele cita profusamente os Livros IV e V de *De Natura Rerum*, de Lucrécio, em particular o seguinte trecho: "Com efeito, o tempo muda tudo no universo: uma ordem de coisas toma o lugar de outra. Nada permanece estável: tudo se transforma, a natureza modifica tudo e obriga tudo a modificar-se" (V, verso 826; citado em 2, II, p. 306).

Existe assim, segundo Montaigne, um princípio de continuidade entre a vida e a morte, em virtude das variações insensíveis que vivemos cotidianamente:

> De tal modo que a juventude extingue-se em nós sem que lhe percebamos o fim, o que é, em essência e na verdade, uma morte mais penosa do que a de nosso ser inteiro ao ter de deixar uma vida de achaques quando morremos de velhice (ibidem, p. 165).

Morremos em cada dia, certamente, mas em cada dia encontra-se como que condensada toda a nossa vida porque em um só dia, em certo sentido, vimos e vivemos tudo.

Três ensaios, no mínimo — sem contar as observações dispersas que, no Livro 3, permeiam os ensaios XII e XIII —, evocam a questão da morte em seus títulos: 1, XIX — "Somente depois da morte podemos julgar se fomos felizes ou infelizes em vida"; 1, XX — "De como filosofar é aprender a morrer"; e 2, XIII — "De como julgar a morte". O momento da morte é como que a assinatura do que somos, quando o homem representa "o último ato da comédia de sua vida" (1, XIX, p. 156); não há como fingir, cai a máscara, "fica o homem", de acordo com a expressão apropriada de Lucrécio (citado em ibidem). Momento de verdade, no entanto, sem gravidade, porque "uma coisa que acontece uma só vez não pode ser grave" (1, XX, p. 166).

Montaigne retira da morte seu aspecto tanto mórbido quanto dramático. Reatando com o *topos* filosófico de uma premeditação da morte como "premeditação da liberdade", ele pensa, no entanto, que o homem se liberta pela morte somente nos casos extremos em que sua liberdade é abolida. O que o homem persegue acima de tudo é uma virtude voluptuosa ou uma volúpia virtuosa que o leva a menosprezar a morte, retirando-lhe qualquer valor: ela não é um bem a perseguir, uma vez que é o "ponto extremo" [bout] e não o "objetivo" [but] da vida (3, XII, p. 339); e tampouco é um mal, porque "nenhum mal atingirá quem, na existência, chegou a compreender que a privação da vida não é um mal" (1, XX, p. 161). A vida assim como a morte são dados, e não tanto valores; ora, é impossível negar um dado, um "elemento do universo". A morte é um dado que o homem investe de diversos valores:

> A morte é algo temível para Cícero, desejável para Catão, indiferente para Sócrates (3, IX, p. 332).

Nesse aspecto, Sócrates é o único que merece nossa admiração, por ser aquele que está mais disposto a enfrentá-la. Nem mesmo a doença grave pode fazê-la esperar ou temer, já que é de modo insensível que uma dá lugar à outra: "não é assim tão penoso o salto de uma existência miserável para o termo desta" (1, XX, p. 165). E a passagem da vida para a morte não "exige preceitos particulares" (3, XII, p. 339), mesmo que o homem, em decorrência do hábito, acabe por preparar-se mais "contra os preparativos da morte" (ibidem) do que contra a morte, na maneira como ele dá muito mais atenção à busca das coisas do que às próprias coisas.

E em relação a Montaigne, como teria ocorrido a própria morte? Em seus últimos três dias, Étienne Pasquier (1529-1615) — político, jurista e historiador — desempenhou junto de Montaigne um papel semelhante ao que este tinha exercido durante a agonia de La Boétie: por não ter conseguido coletar suas últimas palavras em decorrência de uma afasia, o filósofo havia testemunhado os momentos finais da vida do amigo. Pasquier, por sua vez, na carta enviada para Pelgé ou Pellejay, descreve o momento em que "esse pobre fidalgo, acamado, desaba com grande dificuldade e em desequilíbrio, com as mãos erguidas para o céu" em direção ao padre e, "nesse derradeiro ato, entregou o espírito a Deus".[2]

2. Virtude e prazer

A morte é o ponto extremo e não o objetivo da vida. E, como "é difícil julgar em que momento nos cumpre renunciar a qualquer esperança" (2, III, p. 113), não convém preconizar o fim voluntário da vida que constitui o suicídio, como ocorre com alguns filósofos da Antiguidade, quase sempre por lassidão. Tudo o que não é o termo da vida é animado pelo prazer assistido pela virtude: "[Esta] é uma maneira de ser agradável e jovial" (3, V, p. 182). Ou, dito por outras palavras, ao perseguirmos a virtude, temos em vista também o prazer:

> Digam o que disserem [os filósofos], o objetivo visado na própria prática da virtude é a volúpia. E agrada-me azucriná-los com essa palavra detestada sobremaneira por eles (1, XX, p. 157).

Para Montaigne, existe aí uma dificuldade convertida em um real paradoxo: é muito mais fácil seguir exclusivamente a virtude do que associá-la ao prazer. Eis o motivo pelo qual é mais difícil um estoico tornar-se epicurista do que o inverso:

---

2. Carta publicada em 1619 por Étienne Pasquier: "Ele mandou celebrar a missa em seu quarto e, no momento em que o padre procedia à elevação do *Corpus Domini*, esse pobre fidalgo desaba com grande dificuldade e em desequilíbrio em seu leito; e nesse último ato entregou sua alma a Deus. Tal cena foi um reflexo expressivo do interior de sua alma."

Na verdade, a seita epicurista, pela inteireza e rigidez de princípios e preceitos, não fica atrás da estoica (2, XI, p. 163).

Montaigne denuncia a maneira como os escritos de Epicuro foram deturpados, "ao lhe atribuírem palavras que ele jamais disse"; e apoia-se no testemunho de um estoico que "havia deixado de ser epicurista, entre outras razões, porque o caminho proposto [por Epicuro] parecia-lhe demasiado elevado e inacessível" (ibidem). À elevação inacessível, convém acrescentar "a severidade dos costumes e a austeridade", atitudes que levam Montaigne a preferir uma sabedoria que deve ser "jovial e sociável" (3, V, p. 182). Cícero fornece um útil ponto de apoio: "aqueles a quem chamamos amigos da volúpia" na realidade "apreciam e praticam todas as virtudes" (citado em 2, XI, p. 163). Os epicuristas não se assemelham, portanto, aos estoicos que são defensores de "conjeturas ousadas", chegando ao paradoxo de pensar que, em nós, "os vícios são úteis para servir de arrimo e valorizar a virtude" (3, XIII, p. 370). Além disso, a austeridade estoica — segundo a qual se deve fazer o que depende de nós — pode ser outro nome para a presunção:

> Dir-se-ia, em verdade, que a natureza para nos consolar de nossa condição miserável e doentia só nos deu presunção. Essa é a opinião de Epíteto: no homem, nada existe que lhe pertença integralmente além do uso de suas opiniões (2, XII, p. 213).

Ao uso de suas opiniões, é possível opor o contentamento, o fato de bastar-se a si, a *ataraxia*, às vezes em troca de um mal-entendido com os outros, ou seja, a uma renúncia a pretender que sua opinião seja levada em consideração. Ao escrever para o Sr. de Mesmes, Montaigne opõe explicitamente a utilização do entendimento para "destruir e chocar as opiniões comuns que nos fornecem satisfação e contentamento" a essa mesma satisfação: "Quanto a mim, prefiro ficar à minha vontade e ser menos hábil; estar mais contente e ser menos escutado" ("Lettre à M. de Mesme", p. 551). Além disso, ele sublinha, à maneira de antevisão utilitarista, que o contentamento é, antes de mais nada, a minimização dos sofrimentos:

> Nosso bem-estar consiste apenas na privação da dor. Eis o motivo pelo qual a seita filosófica que mais valorizou a volúpia acabou por defini-la como ausência do sofrimento (2, XII, p. 217).

A lição dessa minimização dos sofrimentos como indicação de bem-estar é politicamente pertinente: o que pode ser solicitado aos governantes além de evitar de fazer-nos sofrer?

> Os príncipes já me dão muito quando nada me tiram, e fazem-me um bem suficiente quando não me prejudicam; é tudo o que lhes peço (3, IX, p. 277).

A admiração de Montaigne por Lucrécio leva-nos a sentir melhor o caráter particular do epicurismo que ganhou sua predileção; além de permitir expressar a instabilidade das questões humanas, a poesia do grande filósofo latino sublinha o fato de que "tudo se transforma". O cosmo inteiro está em permanente mudança e todas as coisas na natureza "nasceram ou estão nascendo ou morrendo" (2, XII, p. 307). Apesar da citação de Heráclito, é no entanto o Lucrécio do Livro V de *De Natura Rerum* que serve de trama para a escrita da parte final de "Apologia de Raimond Sebond" (2, XII).

Entretanto, a recorrente presença de Lucrécio no Livro 2 é insuficiente para afirmar que Montaigne é epicurista, de preferência a ser estoico ou platônico. Aliás, o princípio de levar a esquecer o empréstimo, limitando-se a citar raramente a referência evocada, frustra o reconhecimento de qualquer tipo de submissão. A estratégia consiste precisamente em ler um texto peculiar de Montaigne, o qual, mediante uma nova apresentação — ou seja, uma "marchetaria" de diversas peças coletadas ao sabor das leituras —, consegue fazer ouvir uma nova opinião.

Existe o costume de revestir a virtude com a tristeza (1, II, p. 100); quanto a Montaigne, ele nos propõe acompanhá-la pelo prazer. A virtude leva a volúpia a tornar-se "séria", consistente, rigorosa e, de maneira diferente, mais estável do que a volúpia volúvel, cujo objetivo é ela própria:

> É o gozo e não a posse que nos torna felizes (1, XLII, p. 301).

Além disso, a virtude é a única que nos faz inflexíveis, nos deixa tensos e se torna a antecâmara da crueldade, porque nos acautela contra nós mesmos, inventa a adversidade, alimenta-se dela e mantém a alma em permanente vigilância ao levá-la a enfrentar situações de "dor, necessidade e desprezo" (2, XI, p. 162). O infeliz Marcelino[3] — que "ao pretender antecipar a hora de seu destino para livrar-se de uma doença" que, no entanto, era suscetível de ser curada — teve como conselheiro um estoico

---

3. Amiano Marcelino (325/330-c. 391), historiador romano e autor da obra *Res Gestae Libri* [História de Roma], composta originalmente por 31 livros, que abrangiam o período entre a ascensão do imperador Nerva (96 d.C.) e a morte do imperador Valente (378); no entanto, foram preservados apenas os últimos dezoito, ou seja, a partir do ano de 335.

que o levou a detestar a vida, convencendo-o de que, além dos "acidentes penosos, a própria saciedade da vida suscita a vontade de morrer" (2, XIII, p. 311). Eis, nesse caso, a posição de Montaigne: "Marcelino precisava de alguém não para aconselhá-lo, mas para ajudá-lo a cumprir seu desígnio" (ibidem). E essa ajuda ocorre de acordo com "a sorte" (2, XXI, p. 365), ou seja, de acordo com uma indeterminação e incerteza que tornam impossível prever algo de antemão. Acontece frequentemente que alguém pretenda livrar-se da sorte mediante o ato irreparável da morte:

> Todas as esperanças são permitidas a um homem enquanto está vivo [diz um aforismo antigo]. Sim, atalha Sêneca, mas por que dizer que a sorte pode tudo para quem está vivo, em vez de afirmar que ela nada pode contra quem sabe morrer? (2, III, p. 113).

Mas seria possível retrucar a Sêneca: por que não deixar a alma fluir neste mundo lentamente e, até mesmo, superficialmente? O esteio da alma, a "compleição", é uma base que não deve ser recalcada, ainda menos suprimida. É possível agir, inclusive com suas contradições. "Acomodo-me às circunstâncias em que me encontro": em vez da norma, há a descrição quase anatômica. Desse modo, até mesmo o que é designado como a sorte, o acaso, acaba por tornar-se uma condição. "Não é surpreendente que o acaso exerça tamanha influência sobre nós uma vez que vivemos por acaso", dizia Sêneca. O que não significa limitar-se a nada fazer e contentar-se em deixar agir a "sorte" como que fora de nós; aliás, esta deseja unicamente fluir "ao sabor da razão". Mas para que a razão se manifeste — uma razão cujo esforço consiste em fazer advir a virtude — ainda é necessário algo de fortuito e acidental:

Minha virtude não passa de inocência, ou melhor ainda, acidental e fortuita. Se eu tivesse vindo ao mundo com um temperamento mais desordenado, temo que minha vida teria sido realmente miserável (2, XI, p. 167; II, 11, 427 A).

Diante dos sentimentos primitivos que são a dor e a volúpia — Aristóteles teria utilizado os termos sofrimento e prazer —, compete-nos minimizar a primeira e avançar, "por sentir sede", para a outra "sem se embriagar" (3, XIII, p. 384; III, 13, 1111 C), mas de maneira proporcionada "no lugar, no momento e em quantidade de acordo com sua necessidade" (ibidem). Nisso reside a virtude, que — fato original em Montaigne — não é uma aplicação da razão aos sentimentos ou às paixões, mas precisamente o inverso. O primeiro elemento, ou seja, o sentimento, aplica-se ao segundo, a razão, porque o primeiro é inegável, enquanto o outro corre o risco de não ocorrer:

> A dor, a volúpia, o amor, o ódio são os primeiros sentimentos da criança; se, ao advir a razão, eles aplicam-se a esta, isso é a virtude (ibidem).

3. Tentativas e proezas

No Livro 2, o título do ensaio XXXVI — "Dos homens proeminentes" — é atribuído por Montaigne a Homero, Alexandre e Epaminondas.[4] Mas alguns autores que poderiam ter sido incluídos nessa lista não são

---

4. Epaminondas (418-362 a.C.) foi um estadista e brilhante general de Tebas, tendo levado sua cidade a uma posição proeminente no quadro geopolítico do mundo helênico, ao lutar contra Esparta e Atenas; perdeu-se a descrição elaborada por Plutarco a respeito de sua vida, ao

mencionados, como é o caso de Sócrates, porque o filósofo grego não era um homem que tivesse realizado alguma proeza; ele é notável sem pertencer ao rol dos "proeminentes". Sua contribuição é da ordem da tentativa, e não do golpe de mestre que, de uma só vez, produz a mais inimitável poesia do mundo (Homero) ou realiza a façanha de conquistar o mundo "habitável" durante "a metade de uma vida normal", ou seja, 33 anos (Alexandre).

Sócrates "exercita-se" (2, VI, pp. 124-132) para a morte como se tratasse de um teste relacionado com um evento qualquer. Montaigne não compartilha o heroísmo atribuído ao filósofo grego pela tradição filosófica, que, nesse sentido, pretendia considerá-lo como um autor "proeminente"; ele não é estimável precisamente por ter obedecido às leis de sua cidade, as quais, no entender de Montaigne, não valem tal sacrifício. Em compensação, ele é digno de estima por sua relação serena e indiferente à morte que advém em uma idade avançada (por volta dos setenta anos), o que é afinal de contas, segundo Montaigne, uma idade honrosa para morrer se as preocupações começam a tornar-se recorrentes e se existe o risco de perder a razão:

> Considerando a sabedoria de Sócrates e determinadas circunstâncias de sua condenação, sou levado a crer que ele a aceitou, de modo algum, por prevaricação, mas espontaneamente por temer, já com setenta anos, que se embotassem as ricas faculdades de sua mente e se turvasse sua habitual lucidez (3, II, p. 162).

---

compará-la com a do "maior dos romanos", Cipião Emiliano (2, XXXVI, pp. 419-420).

A maneira de se referir aos deuses é, em Alexandre e Homero, credível, enquanto em Sócrates é ridícula: "[...] nada me parece tão difícil a digerir na vida de Sócrates quanto seus êxtases e aquele gênio a quem ele atribuía sua inspiração" (3, XIII, p. 387). "É, em verdade, estranho que, tendo criado e imposto ao mundo tão grande número de divindades, [Homero] não tenha sido ele próprio guindado ao nível dos deuses" (2, XXXVI, p. 416); por sua vez, Alexandre só consegue ser reconhecido como homem ao assemelhar-se aos deuses.

Mas o paralelo construído por Montaigne entre Sócrates e Alexandre é claramente favorável ao filósofo grego. Em razão da tentativa, do exercício em que este se envolve com todas as coisas e, em particular, com a virtude, ele ganha na realidade o que o outro só chega a desenvolver no "teatro" do mundo:

> E a coragem de Alexandre parece-me, no teatro em que se praticava, bastante inferior à que Sócrates havia exercitado de maneira mais humilde e mais obscura. Imagino facilmente Sócrates no lugar de Alexandre, mas não consigo ver este no lugar daquele. A quem perguntar a Alexandre o que sabe fazer, ele responderá: subjugar o mundo. A quem formular a mesma questão a Sócrates, este dirá: tocar a vida de acordo com a condição humana (3, II, p. 156).

No entanto, Montaigne não deixa de elogiar em Alexandre "suas qualidades provenientes da natureza", ou seja, aquelas que ele manifestava com tamanha facilidade para realizar, durante um período curto, um tão grande número de proezas. Apesar de sua proeminência, ele não é um "modelo" para nossas ações, considerando sua atitude arrogante que não leva em conta nem a ordem, nem a moderação. Alexandre cometeu alguns crimes de guerra que, apesar de constituírem "atos impulsivos indesculpáveis", decorrem "da impossibilidade de conduzir massas tão grandes sem jamais se afastar das regras da justiça"; tais crimes não eram sistemáticos, já que ele foi capaz de testemunhar "sentimentos humanos para com os vencidos", do mesmo modo que soube partilhar suas conquistas com seus capitães, as quais foram conservadas durante muito tempo pelos respectivos descendentes" (2, XXXVI, p. 418).

A lembrança favorável em relação a suas façanhas, que não se limitaram, de modo algum, a "meras vitórias no campo de batalha", o transformou em um líder político elogiado por numerosos povos: "[...] ainda atualmente os maometanos, que desprezam todas as outras lendas, aceitam e respeitam a dele por um privilégio especial" (ibidem). Enfim, ele é preferível a César, no sentido de que não foi contemporâneo da ruína de seu Estado, tampouco chegou a provocá-la, mas deixou a seus sucessores um mundo compartilhado e não em "pior situação" (ibidem, p. 419). Todas essas características fazem com que Alexandre seja um dos homens "proeminentes", mas na comparação com Sócrates ele está longe de ser o vencedor do confronto.

Para Montaigne, o fato de pertencer ao número dos "mais excelentes" significa ser fundador: além de ter criado a poesia, Homero vai promovê-la a tal nível de maturidade que seus textos não imitam um modelo anterior, nem chegam a ser imitados posteriormente. O poeta grego está assim "como que acima da condição humana" (ibidem, p. 416), visto que, sem ele, não teria existido Virgílio, nem as ciências, tampouco a arte militar. Montaigne vai, portanto, avaliá-lo em relação a sua posteridade — como havia procedido, aliás, a respeito de Alexandre —, enquanto Sócrates é mencionado apenas em relação a suas ações, e não à posteridade que, eventualmente, viria a espelhar-se nele; com efeito, o único legado do filósofo grego consiste em retomar sem tréguas a tentativa de viver de acordo com sua condição. Ele não é "o maior dos gregos", como ocorre com Epaminondas, outro homem proeminente que, por ser o maior dos gregos, é também "o maior do mundo"; este é, portanto, semelhante a Homero e a Alexandre, incomparável em suas façanhas e em sua coragem "irrestrita e inalterável em todas as circunstâncias". Além de ser bondoso, Epaminondas manifesta uma "bondade excessiva", ou, dito por outras palavras, levada ao extremo; tendo sido destituído do posto de capitão-general, é reintegrado em suas funções "porque a vitória acompanhava-o por toda parte como sua sombra" (ibidem, pp. 419-420).

Essas três figuras — Homero, Alexandre e Epaminondas — dão-nos uma ideia da enorme distância entre a proeza [*exploit*] e a tentativa [*essai*]. A virtude natural e sem esforço é algo de inimitável e quase fora da condição humana; desse modo, trata-se de uma façanha que não é seguida por nenhuma imitação. O paradoxo da façanha consiste em fundar uma memória épica que não deixa de ser, ao mesmo tempo, uma memória "imemorial", sem efeito prático em seus admiradores. A façanha é algo levado ao extremo; nesse sentido, como diz Paul Valéry (1871-1945) — filósofo e poeta da escola simbolista —, ela tem valor; mas trata-se de um valor inimitável, impossível de reproduzir. O capítulo "Dos homens proeminentes" não fornece, portanto, nenhum modelo a imitar: cada um e em cada circunstância tem de tentar, testar suas próprias capacidades. A preferência manifesta-se, então, em favor de Sócrates e não dos homens proeminentes; foi o filósofo grego que testou suas capacidades, resistiu à crueldade, à estupidez, como afirma

Nietzsche[5], e que pôs limites ao desumano, aspecto em que ele se situa na "condição humana".

Sócrates só se tornou notável, finalmente, por ter exercido o ofício de homem, tendo se instalado no exercício e no esforço como se tratasse de um nicho natural: ele "testava suas capacidades de maneira ainda mais rude, parece-me, ao conservar a mulher que era má como permanente armadilha em seu caminho" (2, XI, p. 163), ou melhor, como algo inapelável. A virtude desse homem situa-se não no teste, mas na *manutenção* deste. Ele fez questão de tentar, durante toda a sua vida, não viver ou sobreviver, mas rechaçar os limites do homem possível a partir do que existe de mais comum:

> Sócrates exprimia-se de um modo natural e simples: assim fala um camponês, assim fala uma mulher. Refere-se continuamente a cocheiros, carpinteiros, sapateiros e pedreiros. Suas induções e analogias são tiradas das ações mais correntes e comuns dos homens; cada qual entende o que ele diz (3, XII, p. 327-328)

e, portanto, está em condições de pôr em prática seu ensinamento.

---

5. Friedrich Nietzsche. *A gaia ciência*, § 328, São Paulo, Companhia das Letras, 2012.

VIII
O si e os outros

Sou um bárbaro porque ninguém me compreende.
Tácito (55-120), historiador, orador e político romano

1. *O monstro que sou*

Montaigne privilegia os modos negativos de designação de si. Então, qual será seu sentimento por não ter "memória, nem vigilância, nem experiência, tampouco energia; mas igualmente por estar destituído de ódio, de ambição, de ganância e de violência" (3, X, p. 305)? Em poucas palavras, um "homem sem qualidades". Tal privação de qualidades reconduz-nos à vaidade, ao vazio que é o eu; aliás, os *Ensaios* conferem-lhe uma forma. O livro, como já foi afirmado, é orgânico, mas à maneira de um monstro, pelo fato de trabalhar a partir de matéria informe que ele é obrigado a reconhecer, à semelhança do pai que reconhece um filho "tinhoso e corcunda", não "por ter deixado de se aperceber do defeito, mas tão somente porque [no filho] existe algo de seu" (1, XXVI, p. 211; I, 26, 145 A). Os devaneios [*resveries*] encadeados por esses textos limitam-se a conservar um "aspecto geral e informe" (ibidem) da ciência aprendida. Os *Ensaios* de Montaigne desdobram para nós esse aspecto informe que, aos poucos, assume uma forma enquanto novo saber e novo homem.

O vazio, o aspecto informe do eu, é uma monstruosidade que os *Ensaios* vão tornar familiar — "[...] em matéria de monstros e de milagres bem caracterizados no mundo, só conheço a mim mesmo" (3, XIII, p. 322) — como assunto diversificado e ondulante, inconstante: Montaigne constitui um fenômeno para si próprio, o que é uma maneira de neutralizar todos os outros fenômenos amontoados no decorrer desse século, ávido por fatos milagrosos. Albert Thibaudet insiste, em sua obra *Montaigne*, sobre a descontinuidade e a mobilidade enquanto duas temáticas principais do filósofo; a conjunção entre elas acaba criando esse efeito de monstruosidade.

De acordo com a expressão forjada por Alexandre Koyré[1], o contexto do século XVI é de "uma ontologia mágica".

> Na literatura do século XVI [...] os sinais celestes, as aparições, as visões [...] ocupam um espaço que nunca mais voltaram a encontrar. Subsistem múltiplos almanaques dessa época, publicados para satisfazer um público ávido pelo aspecto milagroso.[2]

Os feiticeiros são, com certeza, "desprovidos de poder" (1, XXI, p. 176) para Montaigne, mas não para a sociedade em que ele vive; o filósofo cita numerosos exemplos contemporâneos, incluindo aquele que torna

---

1. In *Etudes d'histoire de la pensée scientifique*, Paris, Gallimard, col. "Tel", 1992.
2. Henriette Lucius, *La Littérature visionnaire en France du début du XVIe siècle au début du XIXe siècle*, Bienna (Suíça), Arts graphiques Schüler, 1970, p. 59.

atual, entre os animais, a lenda relativa à força do olhar mortífero. Se "a antiguidade oferece-nos o exemplo das mulheres da Cítia que, agitadas e indignadas contra alguém, matavam o interlocutor unicamente com a força do olhar" (ibidem, pp. 175-176), é falso pensar que tal ocorrência faça parte de um passado mítico:

> Viu-se, há pouco tempo, em minha casa um gato à espreita de um pássaro empoleirado no alto de uma árvore; eles olharam-se fixamente com intensidade, durante algum tempo e, em seguida, o pássaro deixou-se cair como se tivesse morrido entre as patas do felino, extasiado por efeito da própria imaginação ou atraído pela força do olhar do gato (ibidem, p. 176; I, 21, 105 A).

Montaigne faz também o relato anatômico, puramente descritivo, da criança monstruosa: dois corpos ligados a uma só cabeça. Exemplo seguido pela menção do homem do Médoc, um barbudo que não mostra vestígios dos orgãos genitais, mas que não deixa de procurar "as carícias das mulheres" (2, XXX, p. 388). Em vez de suscitar a problemática do castigo divino, trata-se de uma descrição neutra que se dirige à nossa razão, mesmo que esta nem sempre obtenha uma explicação para a ocorrência:

> Chamemos monstros ou milagres às coisas que nossa razão é incapaz de explicar, não é verdade que elas se apresentam continuamente à nossa vista? (1, XXVII, p. 239).

A monstruosidade é uma não familiaridade, restringindo-se o filósofo ao "simples" enunciado de um fato (2, XXX, p. 387) — ou seja, sucinto —, deixando "aos médicos o comentário" (ibidem) e à "razão universal" que afaste de nós "a surpresa provocada pela novidade" (ibidem, p. 388).

É o próprio texto dos *Ensaios* que deve ser considerado como um "corpo monstruoso, formado de assuntos desconjuntados sem caráter definido, nem ordem, tampouco lógica, que só se adaptam de forma fortuita uns aos outros" (1, XXVIII, p. 242). Nesse sentido, se o livro faz Montaigne tanto quanto o autor o faz, é possível dizer que um monstro engendra outro monstro, entendendo por isso que não é interdito ver o próprio Montaigne como que surpreendido por seu trabalho e modificado por ele de acordo com razões que nem sempre são fáceis de restituir. Aquele que, à medida da publicação de seus *Ensaios*, suprime seus títulos para aparecer apenas como "Michel", deixando cair as máscaras para esboçar uma pintura — para não dizer nua —, no mínimo, um pouco menos "maneirista", um pouco menos "à maneira de" e, em resumo, longe dos modelos romanos ou gregos:

> Os autores dirigem-se ao público mediante um aspecto particular e estranho a sua personalidade; fugindo à regra — e é a primeira vez que isso ocorre — falo de mim mesmo, enquanto Michel de Montaigne, e não do gramático, nem do poeta, nem do jurisconsulto (3, II, p. 153).

2. Milagre e superstição

Nossa ignorância relativamente às causas naturais impele-nos a aderir ao sobrenatural. A crença, evoluindo para a credulidade, afasta-se das testemunhas dos milagres e de sua perplexidade para fixar-se unicamente na adesão ao boato:

O erro individual começa por formar o erro público, o qual, por sua vez, cria o erro individual (3, XI, p. 321).

Os simplórios são certamente crédulos, mas os "hábeis" sabem dar a seus testemunhos uma autoridade para impor, muitas vezes, embustes. Diante de tanta credulidade, é preferível conservar a mente perplexa:

> [...] e sou da opinião de Santo Agostinho, de que é preferível inclinar-se para a dúvida do que para a certeza em tudo o que seja dificilmente comprovado, fazendo com que a crença em tais coisas se torne perigosa (ibidem, p. 325).

O milagre não surge do nada; entretanto, o "algo" de que é constituído nem sempre está a nosso alcance. Eis um bom exemplo para refletir sobre a desproporção que existe entre as causas e os efeitos. Fora do contexto religioso, nada distingue um milagre de um embuste; assim, se devemos acreditar no milagre, é necessário que Deus nos conceda a graça de depositar em nós não só o efeito sobrenatural, mas também a aprovação divina. Impõe-se que ele nos tenha escolhido; aliás, esse é seu modo de proceder com os profetas, mas não com qualquer um. O milagre só é compreendido, portanto, pelos eleitos; a maioria vai negá-lo ou reduzi-lo a uma superstição. Assim, a atitude daqueles que se abstêm por considerá-lo incompreensível corresponde a um procedimento adequado.

A propósito de milagres, a impostura corre solta por toda parte: um exemplo disso é precisamente o caso de Martin Guerre (cf. 3, XI, p. 323).[3] Alguns pretenderam

---

3. Esse fidalgo gascão, nascido na cidade de Hendaye, desapareceu após o casamento; durante os dez anos de seu sumiço, foi "substituído" por Arnaud du Thil — impostor bastante parecido com ele — junto da esposa.

ver aí o dedo de Deus, enquanto Montaigne propõe o adiamento do processo para cem anos depois, no momento em que a exaltação já estaria esmorecida. Determinadas tribos de índios levam para o combate os ossos de seus valorosos chefes a fim de que a luta tenha um desfecho exitoso (cf. 1, III, p. 107). Além disso, os processos de feitiçaria indicam perfeitamente a incapacidade de julgamento por parte dos juízes que condenam os acusados à fogueira, em vez de encaminhá-los para um asilo: os feiticeiros não são, propriamente falando, criminosos, mas loucos. Eles não constituem um freio à pretensa capacidade nociva da feitiçaria; existem superstições que correm soltas por toda parte e, em particular, aquelas relativas ao cuidado dedicado à sepultura. Se Santo Agostinho reconhece que a organização dos funerais tem a ver sobretudo "com o consolo dos vivos e não com a tranquilidade dos mortos" (citado em 1, III, p. 109), se Sócrates pronunciou esta frase de grande simplicidade e de grande impacto — "como bem lhe aprouver" — a quem lhe colocava a questão de saber como desejava ser enterrado, outros autores desenvolvem toda espécie de superstições prejudiciais para os vivos. Os atenienses em guerra contra os lacedemônios não interromperam os combates para enterrar os mortos e foram condenados severamente por essa omissão; outros combatentes pretenderam cumprir tal dever e acabaram sendo perseguidos pelos inimigos que haviam sido obrigados a fugir (cf. ibidem, p. 110). A superstição é realmente algo de "inoportuno".

Será superstição preocuparmo-nos com o próprio corpo para além da morte, pensar que, por exemplo, as "bênçãos celestes nos acompanham ao túmulo" (ibidem, p. 107)? No Livro 1, o ensaio III — "Dos nossos ódios e

---

Tendo Martin Guerre voltado a casa, o falso marido foi condenado à morte, em 1560.

afeições" (pp. 103-110) — aborda tal questão: enquanto alguns pensam que seus ossos são portadores de vitória — e, desse modo, em vez de serem enterrados, eles são utilizados como talismãs —, outros, por "inoportuna superstição" (ibidem, p. 110), arriscam a própria vida para recolher os restos mortais de seus companheiros. O motivo é que estendemos "nossa preocupação para além desta vida" (ibidem, p. 107; I, 3, 18 A). Montaigne acumula os exemplos de situações de guerra para indicar que a crença no poder de ação dos restos mortais está bastante disseminada, mas também que é provavelmente bem simplista classificá-la na categoria da superstição.

Não é que ele próprio partilhava com o bisavô[4] de Filipe II o pudor extremo "de nunca mostrar as partes do corpo que costumamos sonegar à vista", salvo em caso de "necessidade" ou "volúpia" (ibidem, p. 108; I, 3, 18 A)? A resposta é afirmativa, mas pode-se considerar que, nesse caso, as afeições não se impõem a nós. A superstição começa quando se estende o pudor à morte: "[...] mas, [o imperador] chegou a tal superstição que ordenou expressamente em testamento que lhe pusessem celouras depois de morto" (ibidem). Existem os presunçosos, ou seja, todos os homens, mas a superstição tem a ver com aqueles que manifestam uma vaidade "persistente" (ibidem, p. 109). No quesito relativo ao cuidado com os corpos depois da morte, Sócrates serve de exemplo:

> A Críton, que lhe perguntava como queria ser enterrado, ele respondeu: "como bem lhe aprouver". Com efeito, a organização dos funerais tem a ver "sobretudo com o consolo dos vivos e não com a tranquilidade dos

---

4. Imperador Maximiliano. Seu bisneto, Filipe II (1527-1598), foi rei da Espanha, a partir de 1556, e rei de Portugal, sob o cognome de Filipe I, a partir de 1580.

mortos" (Santo Agostinho, *A cidade de Deus*, citado em ibidem).

3. Barbárie e civilização

Antes de ter sido adotada a palavra "civilização" pela língua francesa no século XVIII[5], falava-se de *civilidade*: tal noção significava certa afabilidade das relações humanas, baseadas na clemência e na cortesia. O termo inclui tanto a urbanidade quanto a polidez e o decoro. Tendo viajado em 1555 para a Nova América, Villegagnon[6] irá afirmar que havia encontrado pessoas "intratáveis e selvagens, bem distantes de qualquer cortesia e humanidade"[7], em suma, "animais com aparência humana".

Montaigne assumirá uma visão oposta a essa análise, detectando sinais esparsos de candura e civilidade entre os índios. A barbárie começa no próprio indivíduo quando se verifica a incompreensão. Sou bárbaro porque

---

5. Na obra *L'Ami des hommes ou Traité sur la population* (1756), de Victor Riqueti, marquês de Mirabeau (1715-1789), economista e filósofo francês — o primeiro de sua família a trocar a carreira militar pelas letras, pai do conde de Mirabeau, grande figura da Revolução Francesa —, é que essa palavra entrou na língua francesa. Ver Barbara Cassin (org.), *Le Dictionnaire européen des philosophies*, Paris, Seuil/Robert, 2004, p. 219.
6. Nicolau Durand de Villegagnon, destemido navegador, letrado e admirador de Calvino, que se deixara arrebatar pelo sonho de criar na América uma colônia exemplar, refúgio também para os perseguidos das guerras de religião: tendo equipado dois navios de duzentos toneladas, recrutou algumas centenas de aventureiros e zarpou da cidade portuária de Le Havre a 12 de julho de 1555, rumo ao Rio de Janeiro. Cf. Serge Elmalan, "Villegagnon ou a utopia tropical", *Revista História*, Faculdade de Ciências Humanas e Sociais, Franca, v. 27, n. 1, 2008. Disponível em: <http://www.scielo.br/scielo.php?script=sci_arttext&pid=S0101-90742008000100013>. [N.T.]
7. Carta de Villegagnon de 31 de março de 1557, citada em *Voyage au Brésil de Jean Léry*, Paris, Payot, 1927, p. 28.

ninguém me compreende: "[...] cada um chama barbárie o que não faz parte de seus costumes" (1, XXXI, p. 259). A barbárie começa por ter o estatuto de idioma incompreendido: "Meu francês é alterado tanto na pronúncia, quanto em outros aspectos, pelas diferenças [*barbarie*] inerentes à minha região" (2, XVII, p. 336). E por que motivo as pessoas viajam se não aceitam "o contágio de um ar que lhes é desconhecido" (3, IX, p. 290)? Montaigne mostra sua surpresa pelo fato de que o outro — aquele que não tem os mesmos costumes — seja avaliado e não descrito:

> Tenho vergonha de ver meus compatriotas possuídos pela tolice de se assustarem com formas contrárias às suas: parece-lhes estar fora de seu elemento quando estão fora de sua aldeia. Onde quer que se encontrem, agarram-se a seus usos e abominam os dos outros. Deparam-se com um compatriota na Hungria, logo se congratulam por esse acaso: reúnem-se e aliam-se para condenar o grande número de costumes bárbaros que têm sob os olhos (ibidem, pp. 289-290).

Os termos "bárbaro" e "selvagem" não são sinônimos: o primeiro refere-se ao uso estranho, o outro, à natureza. Em que sentido as populações do Brasil são selvagens?

> [Elas] o são do mesmo modo que atribuímos esse qualificativo aos frutos que a natureza produz sem a intervenção do homem (1, XXXI, p. 259).

Ao aprofundar o conhecimento sobre os canibais, estes revelam ser uma grande civilização. Como será possível compreender o outro? Observar, descrever, sem nenhuma pretensão de explicar. O método cético, implementado no ensaio "Apologia de Raimond Sebond", é retomado aqui no sentido de proceder como que à "apologia" da barbárie dos canibais para denunciar, em melhores condições, os suplícios de que os europeus se tornaram responsáveis:

> Podemos, portanto, qualificar esses povos como bárbaros, em relação às regras da razão, mas não ao compará-los a nós, que os ultrapassamos em toda espécie de barbárie (ibidem, p. 263).

Entre esses graus da barbárie, Montaigne evoca a tortura como muito mais insuportável do que o canibalismo:

> Não me escandalizo tanto em relação aos selvagens que assam e comem o corpo dos mortos, quanto relativamente àqueles que perseguem e praticam a tortura com pessoas vivas (2, XI, p. 169).

Em Montaigne, haveria não tanto um elogio da vida natural dos bárbaros, mas uma restituição do elemento cultural: não é que eles dispõem de uma poesia diversificada? E dançam o dia inteiro (1, XXXI, p. 261)? André Tournon coloca a ênfase no madrigal para uma declaração de amor:

> A homenagem à moça amada exprime-se pela evocação à serpente que deve servir de modelo ao cinto bordado para ela (*Montaigne: la glose et l'essai*, p. 218).

O que leva Montaigne a afirmar:

> Ora, conheço bastante a poesia para julgar que esse produto de sua imaginação não tem nada de bárbaro,

antes parece-me de espírito anacreôntico[8] (1, XXXI, pp. 265-266).

Ao se considerarem "metade" uns dos outros, os canibais dão-nos uma lição de política:

> De acordo com sua maneira de falar, os homens são divididos em "metades" (ibidem, p. 266).

A condenação por Montaigne da colonização do Brasil e do México é explícita. É como se o assunto, prenhe de gravidade, não consentisse uma linguagem dissimulada, nem meias palavras:

> Ter-se-á jamais perpetrado tanto crime em benefício do comércio e do lucro? Quantas cidades arrasadas, quantas populações exterminadas, quantos milhões de indivíduos trucidados na mais bela e rica parte do mundo, tumultuada pelo negócio de pérolas e pimenta! Miseráveis vitórias (3, VI, p. 235).

Mais de "Cem milhões de ouro e duas vezes mais de prata" vieram do Peru, desde 1533, dirá Jean Bodin em sua obra *Les Six Livres de la République*.[9] Após o massacre dos indígenas, os espanhóis agora vão buscar a mão de obra à África; tal fenômeno assume uma amplitude considerável por volta de 1550. Baseado nas narrativas tanto de Francisco López de Gómara — *História geral*

---

8. Ou seja, leve, gracioso, no estilo das odes chamadas de "Anacreonte" (560-478 a.C.), poeta lírico grego, das quais subsistem apenas curtos fragmentos. Henri Estienne, o Jovem (1528-1598) — impressor, filólogo, helenista e humanista francês — atribuiu-lhe, em 1554, poesias que celebram o prazer.
9. Cf. mais acima, sobre esse autor e respectiva obra, "Referências cronológicas", ano de 1577. [N.T.]

das Índias Ocidentais — quanto do dominicano Bartolomé de Las Casas — *Brevíssimo relato da destruição das Índias* —, Montaigne fica informado dos massacres e das torturas perpetrados nas Novas Índias. E, fazendo eco a essas crueldades, existem evidentemente todas aquelas sofridas pelos judeus nos reinos de Castela e de Portugal. Quais foram os tormentos infligidos aos judeus? Montaigne vai descrevê-los em 1, XIV, pp. 135-136. O rei de Castela expulsa os judeus, que são acolhidos, mediante o pagamento de uma taxa, pelo rei português, que se compromete a fornecer-lhes navios "a fim de transportá-los para a África" (ibidem, p. 135), tendo sido vítimas de mil e uma afrontas por parte dos tripulantes,

> os quais, além de submetê-los a diversas indignidades, se puseram a navegar de um lado para outro até que, esgotadas as provisões, deixaram-nos na obrigação de comprá-las, e a um preço elevado, dos próprios tripulantes; e tendo-se prolongado tal estado de coisas, eles acabaram desembarcando unicamente com a camisa do corpo. Ao ter conhecimento desse tratamento inumano, a maior parte daqueles que haviam ficado em terra conformaram-se com a servidão: alguns fingiram inclusive ter mudado de religião (ibidem).

Mas a crueldade não se limitou a tais ignomínias: em terra firme, os filhos menores de catorze anos foram separados dos pais para serem educados segundo a religião cristã. Então, não é surpreendente que um grande número de judeus tenha imitado os costumes da ilha de Cea, suicidando-se ou "lançando, por amor e compaixão, os filhos em poços a fim de subtraí-los à violência imposta" (ibidem, p. 136).

Morrer em pé, sem covardia, dar provas de coragem e bravura liderando suas tropas na batalha: eis o caráter próprio dos verdadeiros chefes, entre os quais Montaigne cita Selim I (1467-1520) — sultão de Constantinopla em 1512, célebre por sua crueldade e por suas conquistas, nomeadamente a do Egito — e Muley Abd-el-Melik, rei de Fez. "Selim I tinha muita razão, parece-me, quando dizia que 'as vitórias obtidas sem a presença do chefe não são completas'", visto que as ordens "merecedoras de honra são unicamente aquelas que são dadas no momento da ação" (ibidem, p. 364). Mas nem todo mundo está em condições de vencer e morrer em pleno combate: eis, no entanto, o que aconteceu com o rei de Fez Abd-el--Melik, "Muley Moluco", que se tornou célebre na batalha dos "três reis" que ocorreu no território marroquino, em 4 de agosto de 1578, e durante a qual três soberanos encontraram a morte (cf. 2, XXI, p. 366).

Trata-se da Batalha de Alcácer Quibir — interpretada pelos contemporâneos de Montaigne como uma cruzada contra os muçulmanos, empreendida por um rei desvairado, o de Portugal, que se lançou em tal combate apesar das múltiplas advertências, incluindo as do tio, o rei Filipe II de Castela —, narrada por Montaigne apenas do ponto de vista da grandeza romana, testemunhada pelo rei do Marrocos em sua morte.

Quem foi esse rei? Designado como o sucessor do irmão Abdallah al-Ghalib por ocasião da morte deste, em 1574, o poder lhe foi usurpado pelo sobrinho, Mohammed al Mutawwakil. Ajudado pelos turcos, a quem havia prestado apoio em Tunis contra os espanhóis, Abd-el-Melik consegue apoderar-se do trono marroquino e é aclamado rei em Fez e Marrakech, em 1576; Al Mutawwakil solicita, então, a ajuda dos portugueses para reconquistar o poder e dá origem à "Batalha dos Três Reis".

Tendo recrutado mais de 30 mil homens, o rei Muley Moluco marca presença no combate e mostra-se um grande estrategista no próprio momento em que sua morte se avizinhava cada vez mais, montando cerco por todos os lados aos portugueses, cujo exército foi praticamente dizimado, enquanto os sobreviventes foram feitos prisioneiros. De acordo com Montaigne, ele sabe esquecer a situação pessoal e ficar inteiramente a serviço de seu povo. Enfim, ele encara a morte, "sem espanto nem preocupação", "continuando a viver até que ela se manifeste", tendo este gesto sagaz no derradeiro instante: segura o dedo contra "a boca fechada, sinal corrente de guardar silêncio" (ibidem) para não desestabilizar as tropas em combate. Além da admirável atitude adotada por esse rei para morrer, existe a preocupação na maneira de anunciar a morte aos outros, cuja vida depende dele. Montaigne conclui o retrato desse monarca ao equipará-lo a Catão: ele opõe-se assim às análises comumente elaboradas na época segundo as quais a condição dos muçulmanos não permite compará-los, seja a que nível for, com os europeus.

Animado por um ceticismo em relação a qualquer justificação teológica, Montaigne chega às vezes a retomar lugares-comuns ou preconceitos, mas conferindo-lhes uma nova vivacidade mediante a aplicação de um método comparativo ou de uma ironia declarada. Diz-se que os muçulmanos são fatalistas; tal proposição é esvaziada por Montaigne de seu valor declarativo. Ela tem, de acordo com sua sugestão, um sentido pragmatista: a atribuição desse qualificativo tem a vantagem precisamente de levá-los a enfrentar o perigo em melhores condições. O *fatum* não é, portanto, resignação, mas determinação corajosa para agir com uma dose de intrepidez. Aliás, tal qualidade não faz falta a um "grande príncipe" (Henrique IV):

> Os historiadores turcos dizem que a persuasão, popularmente disseminada entre eles, relativa à fatal e

intangível predeterminação de seus dias, auxilia aparentemente a inspirar-lhes confiança diante do perigo. E conheço um grande príncipe que tira o maior partido dessa crença [...]. Oxalá, a sorte continue a protegê-lo (2, XXX, p. 386).

O método comparativo serve justamente para superar o particularismo cultural.

4. *Montaigne e os turcos*

As diferenças culturais seriam irredutíveis? As culturas islâmica e cristã estariam apoiadas em bases heterogêneas? Se for colocada a questão das origens ou, mais precisamente, das procedências — considerando que se perdeu "o tronco da linhagem" —, convém reconhecer que, diga-se o que se disser, existe algo comum, um comum fictício, ou seja, baseado na ficção, mas que se torna realmente operacional. Montaigne reconhece três homens excelentes, ou melhor, os "mais proeminentes" entre os homens: Homero, Alexandre, o Grande, e Epaminondas. Dois deles são enaltecidos pelos maometanos. Não é verdade que Homero é o antepassado comum reivindicado por Maomé — "segundo com esse nome, imperador dos turcos" — quando, ao escrever ao papa Pio II, ele afirma:

> Fico espantado pelo fato de que os italianos se aliem contra mim: ou não é que nossa origem comum vem dos troianos? E não tenho interesse, à semelhança deles, em vingar a morte de Heitor pelos gregos? (2, XXXVI, p. 417).

No que se refere a Alexandre, os árabes — e, em seguida, os turcos — elevaram-no à categoria de lenda.[10] Eis o que Montaigne escreve: "[...] ainda agora, os maometanos, que menosprezam todas as outras histórias, aceitam e enaltecem a dele por especial privilégio" (ibidem, p. 418).

Montaigne descobre o Império Otomano por intermédio de Guillaume Postel[11] e de sua obra *De la République des Turcs* (1560; 3. ed., 1575); ao aplicar seu método comparativo, o filósofo adota os exemplos turcos que se tornam, assim, parte integrante dos *Ensaios*. Solimão, o Magnífico, é citado como exemplo de "grandeza romana" (ensaio XXIV do Livro 2, pp. 370-372) — ou seja, o procedimento hábil dos imperadores que deixam os soberanos vencidos no comando de seus reinos — "ao abandonar generosamente a posse da Hungria e de outros Estados" (ibidem, p. 371).

Tendo esse sultão falecido em 1566 por ocasião de uma das batalhas travadas na Hungria, sua morte é mantida secreta, durante quarenta dias, para não desmoralizar as tropas. Em que consiste, portanto, sua "grandeza

---

10. Mario Grignaschi, "La Figure d'Alexandre chez les Arabes et sa genèse", *Arabic Sciences and Philosophy*, Cambridge University Press, vol. 3, n. 2, set. 1993, p. 221: "Os árabes ficaram conhecendo muito cedo as lendas dos sírios cristãos que, na 'canonização' do rei macedônio, haviam avançado tão longe quanto os gregos e os judeus; inclusive, em alguns pontos, avançaram ainda mais longe. Eles o consideravam como um cristão *ante litteram* que aguardava a chegada do Messias, que recebia revelações por intermédio dos anjos de quem era amigo — uma característica preservada nos relatos de vida populares árabes — e que entabulava conversações com a Divindade."
11. Orientalista, filólogo e teósofo francês de confissão católica (1510--1581). Além das línguas clássicas (grego e latim), Guillaume Postel conhecia o árabe, o hebraico, o siríaco e outras línguas semíticas, tendo sido encarregado por Francisco I de missões específicas de intercâmbio com o Império Otomano; foi assim que acabou fazendo uma descrição bastante objetiva dos costumes turcos.

romana"? No fato de que não se verificou, por exemplo, a ocupação total do território húngaro: o trono e as terras ficam nas mãos do soberano da Hungria. Com certeza, enquanto rei cristão, ele paga um tributo (a *jizia* ou o *haraj*) ao sultão muçulmano, mas os turcos haviam inventado uma maneira de ser bastante original em suas conquistas: por mais incompreensível que isso nos pareça atualmente, os Estados europeus, os principados, à semelhança da República de Ragusa — república marítima centrada na cidade de Ragusa (atual Dubrovnik, Croácia), na Dalmácia, de 1358 a 1808 —, estavam incluídos e, ao mesmo tempo, não faziam parte, segundo a expressão consagrada, dos "territórios sob a guarda especial do sultão".

A Moldávia e a Valáquia, por exemplo, não tinham o direito de enviar embaixadores, mas não deixavam de dispor de uma relativa autonomia; por sua vez, o Canato da Crimeia estava sob o controle otomano, mantendo no entanto um governo distinto, e seus príncipes eram educados na companhia dos príncipes turcos em Istambul. A Hungria foi dividida em três partes e, até mesmo no cerne do território "ocupado" pelos turcos, estes últimos nunca empreenderam uma colonização de povoamento, mas contentaram-se em enviar alguns bósnios para as grandes cidades, deixando as zonas rurais totalmente sob o domínio dos magistrados húngaros. Por outro lado, um cristão podia circular no interior do império sem ter que pagar o imposto religioso, contra o qual o sultão tinha o dever de proteger os súditos não correligionários. Uma categoria foi assim inventada, a de *al Musta'min* — literalmente "aquele que está em segurança" —, para traduzir uma situação desse tipo, ou seja, salvo-conduto atribuído ao não muçulmano que permanece em território maometano por um período inferior a um ano.

O mito da invencibilidade dos otomanos será mantido durante muito tempo. Até mesmo a Batalha de Lepanto (1571), no decorrer da qual foram destruídas várias armadas turcas, não pôs fim à expansão dos otomanos. Ela acabou suscitando um entusiasmo por parte dos cruzados, interpretado como bastante suspeito por Montaigne: por que motivo ver nessa batalha o dedo vingativo de Deus? O fato de consolidar a religião "no bom sucesso e na prosperidade de nossos empreendimentos" (1, XXXII, p. 267) é não só uma pretensão de penetrar o desígnio de Deus, mas também o risco de carecer de argumentos quando o vento vier a soprar em sentido contrário: não teria ocorrido isso quando o soberano português foi ao Marrocos, em 1578, e encontrou a morte nas mãos do "infiel" no decorrer da "Batalha dos Três Reis"? A propósito do combate de Lepanto, Montaigne escreve:

> Bela foi a batalha naval que ultimamente vencemos contra os turcos, sob o comando de d. João da Áustria, mas Deus permitiu que outrora fôssemos derrotados em outras lutas (ibidem, pp. 267-268; I, 32, A, 216).

Deus continua sendo desconhecido para nós e seus desígnios permanecem impenetráveis. Montaigne está longe de qualquer exaltação mística e de qualquer compromisso teológico nas lutas travadas em nome do cristianismo. Em um momento em que são numerosos aqueles que têm visões relativamente às batalhas dos "cruzados", ele contenta-se de esboçar o retrato de soberanos, turcos ou marroquinos, franceses ou romanos, que tiveram a coragem de encarar a morte e ganharam seus méritos no campo da luta.

Ao abordar a questão das guerras e da civilização, Montaigne não hesita em construir paradoxos: quem diz guerra diz destruição da civilidade; nem sequer é possível falar, como alguns autores, de "guerra justa", já que eles "atiçam a guerra por ela mesma e não por ser justa" (3, I, p. 144). Se os abusos do mundo têm sua origem "nas sutilezas dos gramáticos", impõe-se ter em seu íntimo um novo dicionário para não ser enganado por palavras, porque, muitas vezes, atribui-se o termo "dever" à "obstinação e rispidez engendradas pelas paixões e pelos interesses privados" (ibidem), sem qualquer outra justificativa. Do mesmo modo, os partidários da guerra justa "denominam zelo a sua propensão pela malignidade e violência" (ibidem). A guerra não tem manifestamente nenhuma outra justificativa além dela mesma: é para si mesma a própria transcendência e não poderia se basear no braço armado de Deus, tampouco em uma qualquer providência, nem que fosse laicizada.

Contudo, tanto Solimão, o Magnífico, como o rei Muley Moluco — conforme já foi observado — não carecem de "grandeza romana": o primeiro, por ter outorgado uma forma de autonomia a seus colonizados, e o outro, por ter servido como rei até o derradeiro suspiro. Desse modo, a civilidade impregna a arte da guerra.

Nesse aspecto, Epaminondas constitui um exemplo: "dotado de ânimo pleno de recursos", ele sabe poupar o amigo e o hóspede no combate ao deparar-se com eles entre os inimigos; é amável e faz ouvir a voz da civilidade e da "pura cortesia" no horror que é a guerra; enfim, permanece no limiar da crueldade quando, afinal, todos os sinais exteriores desta estão presentes.

O mesmo é dizer que se pode ser soldado, limitando-se a mobilizar o ombro para carregar a arma, sem ter de endurecer sua coragem com "lâminas de ferro"; ou, ainda, dobrar o joelho diante de seu príncipe, sem que sua liberdade seja sacrificada no altar da obediência às leis. A voz da honestidade nem sempre é desativada pelo interesse utilitário; mais importante ainda, a falácia de que o útil é honesto deve ser rigorosamente denunciada. Contra determinada postura de Maquiavel, Montaigne não cessa de repetir que o útil engendra, de preferência, o honesto, em vez de ser seu oposto. A boa-fé convoca a boa-fé, e a confiança é uma regra muito mais eficaz para governar do que a desconfiança:

> Os que recomendam aos príncipes uma constante desconfiança, a pretexto da necessidade de segurança, pregam-lhes a ruína e a desonra (1, XXIV, p. 196).

Nesse sentido, o imperador Juliano, chamado o Apóstata (cf. 2, XIX, pp. 358-361)[12], é o digno sucessor de Alexandre, ao conceder a liberdade até mesmo àqueles que viessem a fomentar um crime contra ele, já que "nada de nobre se faz ao acaso" (1, XXIV, p. 196) ou, dito por outras palavras, sem riscos.

O risco da confiança na política, assim como o da civilidade na guerra, consagra a honestidade no campo pragmático da utilidade, além de mostrar que a autonomia da política nada ganha se seu divórcio em relação à moralidade consolida "a malignidade e a violência", porque, nesse caso, ela há de recorrer a justificativas que, em vez de se basearem na moral, são moralizadoras. Ora, a docilidade em relação às leis, a preocupação em fazê-las respeitar nas situações em que é mais difícil proceder a tal operação, ou seja, a guerra, eximem-nos de aplicar as distinções entre bem e mal, de acordo com eixos justificados apenas pela violência. Estando longe da exaltação suscitada pela "causa geral e justa" do poder político a que obedece, Montaigne está ainda mais

---
12. Cf. p. 40, nota 16. [N.T.]

afastado daquela que emana somente da paixão ou do interesse privado dos grandes senhores deste mundo que declaram a guerra. Ele tem muito o que fazer com o "monstro" que ele é para obstruir suas ações com um entusiasmo qualquer.

IX
"De acordo com sua capacidade"

Não fique no rés do chão!
Não suba alto demais!
O mundo parece mais belo
À meia altura.
Nietzsche[1], *A gaia ciência*

Para Montaigne, a frase "'de acordo com sua capacidade' era o estribilho e a expressão favoritos de Sócrates. Expressão de inestimável valor!" (3, III, p. 164). E seu valor é tanto mais inestimável pelo fato de não se tratar precisamente de essência. As potencialidades dispensam-nos das essências e não se deixam aliciar pelo critério do verdadeiro e do falso: "Da loucura de fazer depender o verdadeiro e o falso de nossa razão", afirma o título do capítulo XXVII do Livro 1, ou, dito por outras palavras, fazer com que tal distinção tenha a ver com nossa capacidade. Qual é realmente nosso conhecimento a respeito daquilo que somos capazes?

Para Alice, que repetia sem parar "Mas isso é impossível", a rainha respondia: "Estou observando que você não se exercitou suficientemente" (cf. Lewis Carroll, *Alice*

---
1. *A gaia ciência*, São Paulo, Companhia das Letras, 2012, p. 19. [N.T.]

no País das Maravilhas). E os crédulos, prontos a ceder à primeira persuasão, e os raciocinadores, que, diante de sua incapacidade de conceber algo, vão assimilá-lo ao inverossímil, não chegam a ponderar a potencialidade de agir que está neles. Se a vida é irregular por essência, a pontencialidade consente, por sua vez, uma maior ou menor intensidade, segundo a facilidade e o poder com os quais uma ação é executada. Sócrates, aos setenta anos, só aceitou tão espontaneamente a sentença de sua condenação talvez "por temer que se embotassem as ricas faculdades de seu intelecto e se turvasse sua habitual lucidez" (3, II, p. 162). Sob a ameaça de perder seus capacidades, suas energias, ele encontrou esse meio para evitar vê-las se definharem aos poucos.

Portanto, o termo "segundo" indica perfeitamente determinadas circunstâncias e de modo algum condições. As circunstâncias são oportunidades em que o poder é exercitado sem que este tenha de respeitar cláusulas fixadas *a priori* ou responder a requisitos que o delimitem. Montaigne utiliza tal termo para evitar tanto o *a priori* quanto o condicional. Do mesmo modo que o devir antecede o ser, e não o inverso, assim também é o possível indefinido que vem em primeiro lugar:

> Agir segundo a natureza, para nós, nada é além de agir segundo nossa inteligência, dentro dos limites que ela pode alcançar e do que vemos (2, XII, p. 246).

Em suma, é segundo nossa medida; no entanto, só podemos conhecê-la depois de exercitá-la. Aliás, seria bem esperto quem, por "uma presunção temerária", pretendesse "saber até onde vai a possibilidade" (1, XXVII, p. 240).

Quais seriam realmente nossas capacidades? Em suas respostas, os filósofos têm optado pelos extremos:

A afoiteza dos que atribuíam ao intelecto humano a capacidade de saber tudo levou outros a afirmar, por despeito e por emulação, que a inteligência é incapaz de conhecer algo (3, XI, p. 327).

Em vez de negar que o homem seja dotado de alguma capacidade, Montaigne vai colocá-la sob condição: quando é proposta ao homem "uma diversidade de opiniões", "ele escolherá se puder; caso contrário, permanecerá na dúvida" (1, XXVI, p. 216). O próprio filósofo reconhece seguir, de preferência, o exemplo, em vez da determinação de uma escolha relativamente às questões de vida em comum, de casamento, etc. O mimetismo social indica os limites da determinação metafísica de uma vontade que se atribui todo o poder. Com certeza, nada depende tanto de "nossa potencialidade" quanto a vontade (1, VII, p. 117), sem que tal constatação venha a transformá-la em uma onipotência.

O homem pode ser anestesiado pela dor a ponto de ser incapaz de exprimi-la ou ter suportado um infortúnio que acabou por derrubar "as barreiras da paciência". Ovídio tem razão de referir o caso de Níobe[2]: a mãe petrificada pela dor, transformada em rochedo por "ter perdido sete filhos e, em seguida, o mesmo número de filhas" (1, II, p. 101). Nessas circunstâncias, trata-se de paixão que não pode ser "saboreada, nem digerida" (ibidem, p. 102).

---

2. Ovídio, *Metamorfoses*, Livro 6º, Fábula 3ª, in Aristóteles A. Predebon, *Edição do manuscrito e estudo das* Metamorfoses *de Ovídio traduzidas por Francisco José Freire*, São Paulo, 2006, dissertação (mestrado em Letras Clássicas) — Departamento de Letras Clássicas e Vernáculas da Faculdade de Filosofia, Letras e Ciências Humanas, Universidade de São Paulo. Disponível em: <http://livros01.livrosgratis.com.br/cp087079.pdf>. [N.T.]

Há também a arbitrariedade do poder dos reis: "[...] não tendo conseguido o que desejavam, eles fingiram desejar o que estava a seu alcance", diz Montaigne a respeito dos políticos (2, XIX, p. 361). Os graus de poder fazem a diferença entre os seres humanos, e não o conteúdo de suas volições: "[...] a razão que nos induz a açoitar um lacaio é bastante para que um rei venha a devastar uma província. Sua vontade exerce-se tão levianamente quanto a nossa, mas ele dispõe de maior poderio" (2, XII, p. 202).

Na área religiosa, é impossível afirmar: "[...] Deus não pode tudo", de acordo com o tom de zombaria adotado por Plínio (2, XII, p. 248). Deus é a própria onipotência, ou seja, pura indeterminação relativamente a tal poder; desse modo, qualquer caracterização desse poder reduz Deus à medida humana, indicando nossa presunção, e não sua natureza. A capacidade humana nunca é exploração do divino:

> Nada depende de nossa potencialidade, além da vontade: nela, apoiam-se por necessidade e estabelecem-se as regras que regulam os deveres do homem (1, VII, p. 117).

É possível que exista um direito natural, mas somos incapazes de entendê-lo.

Enfim, o acaso [*fortune*] controla de tal modo as ações dos homens que muitos se deixam iludir ao pensarem que se trata de sua habilidade:

> Por isso afirmo que os acontecimentos são frágeis testemunhos de nosso valor e de nossa capacidade (3, VIII, p. 252).

1. A capacidade

Segunda espécie da categoria relativamente à qualidade em Aristóteles, a capacidade está conectada à ação fácil: posso fazer, no sentido de capacidade, o que faço com facilidade e aquilo a que dificilmente me submeto. Em sua obra *Categorias*, Aristóteles estabelece a distinção entre diferentes espécies de qualidade: a primeira espécie refere-se ao binômio formado pela disposição e pela posse, do qual já falamos, enquanto a segunda diz respeito à *dunamis* ou capacidade. Aristóteles toma como exemplo o atleta corredor, mas também o homem com saúde. Nos três casos, trata-se de explicar a maneira como uma ação é facilitada ou dificultada em função da capacidade que a anima.

Ao retomar essa espécie da qualidade sob a figura de Sócrates, Montaigne é fiel à lição de Aristóteles segundo a qual, em relação à capacidade, tem de ser levado em consideração o ponto de vista de quem é dito ser capaz de fazer algo e não o ponto de vista da qualidade em si. A capacidade adquire seu verdadeiro sentido em relação ao qualificado — aquele que é capaz de fazer algo —, visto que se trata não tanto de falar do conhecimento que se tem a seu respeito, mas de sublinhar a ação que determinada pessoa é capaz de executar:

> Por exemplo, aquele que é considerado, em função de uma capacidade natural [que é a sua], um bom atleta corredor ou um bom pugilista, não é considerado como tal por derivação paronímica a partir de nenhuma qualidade. Com efeito, não existem nomes disponíveis para as capacidades, segundo as quais eles são qualificados, nem para os conhecimentos, segundo os quais alguns

são ditos, em termos de disposição, bons pugilistas ou bons lutadores. De fato, fala-se de um conhecimento do pugilismo ou relativo à luta e qualifica-se, de maneira paronímica a partir desse conhecimento, os que exibem tal disposição.[3]

Ora, aqui, não se trata de disposição, mas de capacidade: eis o motivo pelo qual convém precisamente servir-se do exemplo de Sócrates, ou do atleta corredor, para apreender o exercício da capacidade. Ou ainda, é a ação que traz no bojo sua norma, de maneira intrínseca:

> Cada ação visa determinado objetivo independentemente do fato de que este seja atingido (3, I, p. 143).

Entendida em um sentido metafísico, trata-se realmente de uma reflexão sobre a finitude humana e sobre a exterioridade do dado (revelado, sensorial) à razão, a qual se encontra subjugada a determinado dado; daí uma capacidade limitada.

2. *Ordem sem elevação*

Montaigne não é estoico porque, em seu entender, a grandeza heroica dos estoicos está fora de alcance: como levar uma vida "com ordem e sem milagre" (3, XIII, p. 388)? Eis seu problema. Ele é um homem entalado em meio a contradições e não um modelo depurado que procura negá-las ou sublimá-las. Nossas virtudes, inclusive, são tributárias em relação a nossas paixões. Portanto, a tentativa de erradicar estas últimas exige intrepidez:

---

3. Aristóteles, *Categorias*, pp. 21-22 (88-89). Paris, Inédit Seuil, 2002. [N.T.]

E quantas belas ações se devem à ambição? Ou à presunção? Em suma, não há nenhuma virtude eminente e licenciosa sem alguma agitação desordenada (II, 12, p. 279-280).

É que a inconstância, assim como a agitação, é para nós natural; no pressuposto de que a virtude "se encarne", é "necessário que ela fique emocinada e se inflame" (1, XLIV, p. 307). Aqueles que pertencem seja à seita estoica, seja à epicurista, e que menosprezam o corpo a ponto de aceitar que ele seja torturado sem sentir dor ou então sem manifestá-la, aqueles que enfrentam os tiranos incentivando-os a torturá-los ainda mais, têm uma alma alterada e sob o domínio do frenesi "por mais santos que eles sejam" (2, II, p. 108; II, 2, 347 A). Mas "nossa alma, em condições normais, seria incapaz de erguer-se a nível tão elevado" (ibidem, p. 109).

Montaigne prefere exprimir as dores do corpo, em vez de fazer como se o corpo estivesse isento de sofrimento. O valor da vida consiste em encontrar seu lugar de forma ordenada, e não em se elevar. Para a alma, "grande é tudo o que é suficiente; e ela mostra sua grandeza em preferir as coisas comuns às coisas eminentes" (3, XIII, p. 383). A grandeza não é elevação: a primeira está confinada a limites e dentro do que permite à alma "encontrar seu lugar e conservá-lo" (ibidem), enquanto a outra puxa a alma "para um nível demasiado elevado" (ibidem), o que ameaça asfixiá-la por falta de ar. A elevação inacessível, na qual alguns humanistas — estoicos ou indivíduos imbuídos pelas "novidades" [*nouvelletés*] da religião de Calvino — colocam a dignidade humana, presta-se a rir ou a suscitar a inquietação em vez de induzir qualquer expectativa.

Longe das "proezas estoicas", Montaigne encontra companhia junto de um Sócrates, cujas opiniões são ainda mais "vulgares" (3, XII, p. 328), menos presunçosas, do que as opiniões comuns. O paralelismo estabelecido entre Sócrates e Catão[4] visa indicar que temos de evitar deter-nos no que é mais visível. Com certeza, as "façanhas" de Catão percebem-se mais facilmente, considerando que estamos em presença de "caráter sempre exaltado" (ibidem; III, 12, 1038 B), mas é importante aprender a discernir o que tem uma "beleza delicada e discreta" (ibidem, p. 327; III, 12, 1037 B); no entanto, como se trata de uma beleza que é "terra a terra" e como "nosso mundo é feito de ostentação", acabamos por não nos apercebermos dela. Tal beleza é a de Sócrates, que "se elevou à perfeição não por façanhas, mas por seu caráter; ou melhor, não se elevou de modo algum e sim, de preferência, rebaixou o homem para reconduzi-lo a sua origem, à natureza, subordinando-lhe as aspirações, as desilusões e as dificuldades da vida" (ibidem, p. 328). Seremos capazes de discernir aquilo de que temos mais necessidade?

Do mesmo modo que a mente é dificilmente utilizada com "ordem e ponderação" (2, XII, p. 272) — aliás, "suas buscas não têm forma nem fim" (3, XIII, p. 351) —, também o eu pode transformar a ordem em uma exigência de maneira que venha a escapar à "elevação" [*hauteur*]. As extravagâncias estão do lado do intelecto e não do eu: o primeiro afasta-nos da nossa condição natural, enquanto o eu reconduz-nos a ela. Com certeza, existem realmente homens "proeminentes" (cf. 2, XXXVI), mas eles são tão singulares em sua extrema virtude e em sua elevação fora de alcance que podem se tornar

---

4. Catão de Útica (95-46 a.C.), bisneto de Catão, o Censor, encarna para Montaigne "um modelo que a natureza escolheu para mostrar a que ponto podem chegar, no homem, a virtude e a resolução" (1, XXXVII, p. 277). Com efeito, partidário da filosofia estoica, ele era avesso a qualquer tipo de suborno. Opunha-se, particularmente, a Júlio César; suicidou-se depois da vitória deste na Batalha de Tapso.

perfeitamente objeto de nossa admiração, sendo impossível proceder à tentativa [*essai*] de sermos incluídos entre eles ou de manifestar-lhes verdadeira afeição. Eles são, como já vimos, pioneiros e fundadores; ora, as tentativas exigem homens suscetíveis de aglutinar pessoas.

3. *Cumprir o dever, suster, abster-se*

Montaigne não é alguém que assume compromissos de maneira superficial: ele começa, de preferência, com frieza, mas avança "fogosamente"; e, sobretudo, não o inverso. O mesmo é dizer que ele não faz promessas levianas, preferindo "cumprir o dever", em vez de prometer. Pelo fato de recusar-se a assumir obrigações de maneira superficial, ele abstém-se de fazer promessas para cumprir seu dever, sem qualquer outra obrigação: "Fui tão avaro em prometer que penso ter cumprido muito mais do que prometi e, até mesmo, do que era meu dever" (3, V, p. 220), permanecendo fiel às leis do casamento, sem ter feito explicitamente tal promessa. Trata-se não tanto de respeitar seus deveres, mas de "cuidar com deferência de sua liberdade"; com efeito, ao ser feita a opção pelo casamento, a liberdade de escolha exige no mínimo o respeito de sua liberdade, de cumprir tal dever.

E outra maneira de cumprir o dever consiste em "suster", ou seja, em resistir à evolução inexorável do envelhecimento (3, II, pp. 162-163). Quanto à abstenção, para além do lema "Abstenho-me", temos o direito de perguntar: de quê? Montaigne procura abster-se de quê? Evidentemente, há a recusa de aderir, de maneira superficial, a opiniões duvidosas, mas há também esta forma de abstenção, menos corrente, e que é no entanto crucial: abster-se de fazer. E tal postura é corroborada pelo seguinte raciocínio:

Quem se obrigasse a dizer tudo, obrigar-se-ia a evitar de fazer o que é obrigado a calar (3, V, p. 183).

Impõe-se, portanto, o dever de ser discreto não relativamente à "confissão", mas à "ação". Evitar um mal previsível exige um maior dispêndio de energia do que fazer algo bom. Em geral, fugir em vez de seguir, esse é o temperamento de Montaigne; apesar de sua afirmação de que tem "uma tendência para a imitação" (ibidem, p. 210), ele é menos propenso a imitar do que a evitar, considerando que sua instrução se faz "melhor por oposição do que pelo exemplo" (3, VIII, p. 242).

Sua "tendência para a imitação" diz respeito, com certeza, às coisas comuns de sua sociedade e às ideias gerais induzidas por ela; "fixou-se, desde a infância" a tais ideias, diz ele, e as "conservou" pela vida afora (3, II, p. 158). Mas tal tendência refere-se sobretudo à parte negativa do que se propaga em uma sociedade, tal como o fato de xingar ou fazer caretas. A melhor parte dele mesmo consiste em desviar-se do itinerário prescrito, em fugir, à semelhança do homem sensato que presta mais atenção ao louco do que este em relação àquele, considerando que ele observa em cada instante aquilo de que deve se precaver. Até mesmo as qualidades positivas alimentam-se unicamente do que elas evitam, e não do que elas realizam: "o horror à crueldade" incentiva muito mais à clemência do que um exemplo positivo de generosidade (3, VIII, p. 242).

Em geral, o humanismo de Montaigne encontra-se, de um extremo ao outro, na limitação do desumano, nesse "horror à crueldade", e não em uma essência humana que fosse plena e integral. Portanto, seu lema é realmente: "Abstenho-me." E se ele gosta de viajar e de montar a cavalo, não é por ter conhecimento do que é seu objetivo, mas de preferência do que ele foge:

Aos que me perguntam a razão de minhas viagens, eis minha resposta habitual: sei perfeitamente do que fujo, mas não o que procuro (3, IX, p. 280).

4. Desconhecimento e contentamento

A douta ignorância é tal que, para concebê-la, não há "menos saber" do que para o estudo da própria ciência:

> Existe certa ignorância consistente e generosa que, do ponto de vista da honra e da coragem, nada fica a dever à ciência; de tal modo que, para concebê-la, não há menos saber do que para conceber a ciência (3, XI, p. 323).[5]

Tal douta ignorância não se opõe à instrução: com certeza, o ser humano precisa instruir-se, adquirir conhecimentos. Mas existe tanta presunção que acompanha o saber que se deve, imediatamente, pôr de sobreaviso o educando contra a tentação advinda de uma razão raciocinadora, uma razão que pretende conter tudo em suas deduções e que, no decorrer do tempo, se revela inepta diante das múltiplas facetas da vida. Há uma ignorância humana que é estrutural e que afeta a condução do mundo, as causas, Deus, a verdade nua e crua. No entanto, paradoxalmente, é o acúmulo de saber — saber socrático — que permite adaptar-se aos contornos do trigo maduro, cuja haste está vergada sob o peso dos grãos, para admitir com toda a humildade a ignorância "consistente e generosa que, do ponto de vista da honra e da coragem, nada fica a dever à ciência" (3, XI, p. 323).

---

5. Cf. *supra*, "A ignorância", p. 113.

Além das coisas que ignoramos estruturalmente, existem outras que é preferível ignorar para viver melhor — "Evito as circunstâncias que provocam minha irritação e finjo não ver as coisas erradas" (3, IX, p. 262) —, porque a vida se deixa facilmente perturbar por "pequenas contrariedades" que nos "ferem mais do que um grande mal". Trata-se de um saber relativo ao desconhecimento que deve ser implementado: evitar uma vigilância demasiado estrita em relação à criadagem, deixar ao subordinado "o quinhão do respigador" — "a melhor garantia que tenho de meus servidores consiste em desconhecer [seus vícios]" (ibidem, p. 264). A preocupação em controlar tudo acaba despertando, por essa suspeição, todas as infidelidades possíveis; sendo assim, é preferível "reservar uma pequena margem para a imprudência do subalterno" se nos sobrar "o suficiente para realizar o que desejamos fazer" (ibidem).

Evitar também ter a pretensão de ser compreendido: "[...] para ficar absolutamente à minha vontade, procuro estar mais contente e ser menos escutado" ("Lettre à M. de Mesme", p. 551). Se nossa conversação é irredutivelmente ambígua, no sentido de que as pessoas não associam às palavras, *salva veritate*, as mesmas significações, não podemos — a menos que sejamos violentos com nossos interlocutores — impor nossa compreensão das coisas. Uma vez que as coisas são ditas, elas pertencem, em uma metade, aos ouvintes; assim, a compreensão — se é que ela existe — está *entre* os interlocutores, não adquirida nem possuída por um deles em detrimento do outro[6],

---

6. André Tournon escreve: "Desse modo, somos levados a pensar o seguinte: 'a verdade pelo fato de emergir unicamente entre dois conversadores' não é algo da ordem das evidências, das explicações e das demonstrações definitivas; a adesão exigida por ela não está garantida de antemão; e ela é considerada — por aquele mesmo que a propõe à apreciação do

e tornada possível "pela linguagem franca que incentiva o outro a proceder de igual modo; é como o vinho e o amor" (3, I, p. 145).

O saber é, portanto, ao mesmo tempo sabor, por mínima que seja nossa disposição para desaprender.[7]

---

interlocutor — como precária, talvez intempestiva, e dependente de um assentimento sempre revogável", in *Route par ailleurs*, p. 91.

7. Na última frase da aula inaugural de Barthes no Collège de France, Montaigne está presente nas entrelinhas: "[...] nenhum poder, um pouco de saber, um pouco de sabedoria, e o máximo de sabor possível", Roland Barthes, *Leçon, 7 janvier 1977*, Paris, Seuil, 1978, p. 46 [ed. bras.: *Aula*, São Paulo, Cultrix, 2001, p. 47].

Conclusão

Montaigne defende a ideia de que nosso maior bem é a saúde, aliás, demonstrada por alguns, tal como Sócrates, "de maneira jovial e vigorosa" (3, XII, p. 328); Descartes afirmará, um século depois, que a saúde é o "principal de todos os bens e o alicerce de todos os outros". Tal preocupação com um corpo saudável, em Descartes, é o aspecto que mais o aproxima de Montaigne. Além disso, se o ponto extremo [*bout*] de nossa vida é a morte, nosso objetivo [*but*] é o prazer: nada fazer sem alegria, nada fazer nas situações em que prevalece a coerção; acrescentemos que o fato de abster-se é uma força de resistência e, em resumo, um grau elevado de ética, embora pouco em voga atualmente. Saúde, prazer e discrição na ação são os recursos dessa sabedoria que, no entender de determinados comentaristas, tem sido reduzida a algumas máximas quando, afinal, Montaigne não cessa de zombar da busca relativamente à palavra certa ou ao lema. Além disso, o filósofo visa não tanto a preocupação por si, mas a fruição de si que é, aliás, o aspecto implementado por Nietzsche:

> Esse homem, mediante seus textos, fez com que a alegria de viver na Terra tenha aumentado. Para mim, pelo menos, desde que travei conhecimento com essa alma livre e forte entre todas, sinto-me obrigado a afirmar o que ele próprio diz a respeito de Plutarco: "[...] cada vez que o encontro, não posso deixar de surrupiar-lhe alguma coisa" (3, V, p. 209). Ele seria

meu companheiro se eu tivesse a tarefa de fazer da Terra a minha morada.[1]

Mas Flaubert já havia sublinhado o mesmo efeito da leitura de Montaigne:

> Leia Montaigne, leia-o lentamente, sem pressas! Ele irá infundir-lhe calma. E não dê ouvidos a pessoas que falam sobre seu egoísmo. Você vai adorá-lo, você verá. Mas não leia à maneira das crianças para se divertir, nem como os ambiciosos para saber. Nada disso; leia para viver (Cf. *Correspondance*, "Lettre à Mlle. Leroyer de Chantepie", junho de 1857).

Para esses autores, os *Ensaios* têm a duração das coisas moderadas e viáveis, visto que a existência das coisas extremas, apesar de intensas, é efêmera. Esse texto é duradouro porque não se destina "às mentes comuns e vulgares, tampouco às inteligências singulares e proeminentes", mas contenta-se em manter-se vivo entre "pessoas de envergadura intelectual mediana" (1, LIV, p. 340): aquelas que são capazes de exercitar-se a controlar a irritação, a viver com ordem, em suma, aquelas em que a sabedoria consistirá sobretudo em fugir dos contraexemplos, e não tanto em visar um ideal qualquer. Para Montaigne, o homem sensato é aquele que sabe sempre do que deve fugir e não o que tem de fazer.

No entanto, o fato de instalar-se nas coisas duradouras não significa visar o instinto de conservação, mas procurar o equilíbrio; ora, por ser precário, este nunca é

---

1. Cf. Nietzsche, *Escritos sobre educação* (Sobre o futuro dos nossos estabelecimentos de ensino — III Consideração intempestiva — Schopenhauer como educador), Rio de Janeiro, PUC-Rio/São Paulo, Loyola, 2011. [N.T.]

adquirido de uma vez por todas. Na equação contrastada da vida, entre estabilidade e intensidade, Montaigne fica incontestavelmente do lado da intensidade e da descontinuidade. Quem diz moderação diz duração, mas esta última não se identifica com o instinto de conservação: a duração está no equilíbrio incessantemente renovado; assim, a vida é avaliada pela valentia e pela firmeza de uma vontade atenta a cada instante, e não pelo número dos anos vivenciados de maneira contínua.

Existe como que um desespero jubiloso, cujo espírito é perfeitamente manifestado nesta frase incisiva de Albert Thibaudet: "Na vida, nada se substitui, tudo é objeto de suicídio." A fórmula é desestabilizadora, mas retenhamos de preferência sua força libertadora em relação a qualquer finalidade: "cada ação visa determinado objetivo" sem estar conectada "a consequências, nem a projetos" (3, I, p. 143); além disso, cada pensamento é "confuso e vacilante" (3, XI, p. 325), sem garantia divina. Eis, ainda nas palavras de Thibaudet, o humanismo depurado de Montaigne: "não tanto o humanismo requintado da cultura, mas o humanismo patético de alguém apaixonado pela vida humana". O filósofo é realmente o homem de uma liberdade que se submete ao teste da urgência e da incerteza.

Para "aperfeiçoar-se no bem, estar contente com sua sorte e progredir em sabedoria", ninguém tem necessidade de sair "depois da meia-noite de seu gabinete de estudo" (1, XXXIX, p. 284; I, 39, 241 A): a simples erudição não pode tomar o lugar da regra de vida por ser insuficiente para fornecer zelo e vigor. Às vezes, inclusive, ela vai sufocá-los: por exemplo, quando é acompanhada pela busca de uma maneira de falar afetada, sofisticada e, em resumo, de um falar incompreensível para todo mundo.

Em vez de qualquer forma acadêmica de disputa ou controvérsia, Montaigne prefere a conversação sem ordem nem propósito; "ao conversar consigo mesmo, com os outros", há uma maneira de falar que se faz "tranquilamente e com ponderação" (3, II, p. 156; III, 2, 809 B) e que, de tempos em tempos, é amenizada pelo riso socrático. É preferível ser "o bobo da comédia" e, até mesmo, um basbaque, do que uma enciclopédia indigesta de saber com aparências dogmáticas: alguém fala comigo, eu não o entendo ou entendo pouco; eu próprio tomo a palavra e as pessoas têm dificuldade para me compreender. Cada qual faz um esforço, mas nada é imposto no final das contas; trata-se de inscrever a conversação nos prazeres da vida, à semelhança do gosto que se tem em beber e comer, em vez de torná-la em uma prática afetada e, em suma, artificial e inacessível.

Se fazemos questão do convívio com nossos semelhantes através da palavra, que tal contato se faça de maneira jovial, agradável e de acordo com o curso normal da linguagem; fiquemos vigilantes para que nossas vidas estejam em "conversação" umas com as outras, evitando compromissos que venham a restringir demais nossa energia vital. As obrigações devem ser evitadas, mesmo que haja o dever de cumprir os encargos públicos; a diferença entre uma coisa e outra é significativa. Convém manter constantemente certo distanciamento de si mesmo para não ser conduzido pelas coisas, além de investir sua habilidade e perspicácia, mas não suas disposições de espírito, ainda menos sua liberdade; aliás, compete-nos prestar sempre a maior atenção à liberdade, porque, se "a ação não tem o realce da liberdade, ela carece de graça e desmerece as honras" (3, IX, p. 276; III, 9, 967 B). Ou, dito por outras palavras, o brilho à minha ação — ou aquele que seja suficiente para justificá-la — é conferido não pela glória, mas realmente pela liberdade. O brilho e a glória sem a liberdade: eis precisamente o que La Boétie havia descrito como servidão voluntária.

Se somos feitos à imagem de Deus, é em virtude das potencialidades existentes em nós, mas somos incapazes de avaliá-las, do mesmo modo que não sabemos colocar um limite ao poder divino; entretanto, além de potencialidade, somos ao mesmo tempo um espírito veemente que deve ser continuamente cerceado. Assim, deixemo-nos refrear pelas leis do nosso país como preconiza este poema do querido Pibrac[2]:

> Ama o Estado tal como ele é
> Se é monarquia, ama a realeza
> Se é de poucos ou, então, da comunidade
> Ama-o também porque Deus fez com que tivesses
> nascido nele (3, IX, p. 267).

Em vez de uma mensagem em prol da servidão, trata-se de uma maneira de deixar o duplo flagelo da curiosidade e da presunção para permanecer na dissociação do lema: "Abstenho-me"; meu joelho dobra-se diante de meu príncipe e minha razão permanece livre. Submeto-me de tal modo ao costume que me sirvo do pirronismo, como é descrito de forma concisa por Albert Thibaudet:

> Para submeter-se ao costume conservando uma mente independente e perspicaz, impõe-se ter realizado tal hipérbole de pirronismo (*Montaigne*, p. 285).

---

2. A propósito desse personagem, reconhecido por suas qualidades de orador, cf. p. 160, nota 2. [N.T.]

Montaigne procura, portanto, uma nova linguagem em que o termo "algum" tomaria o lugar de "tudo" e o vocábulo "parece" o de "é assim", ou seja, uma linguagem que implementa a dúvida e o recuo a fim de que nenhuma porta linguística permita o acesso do dogmatismo.

A insistência no *juízo existencial*[3] que começa por "algum" — por exemplo, "algumas aves não voam" — rompe evidentemente com a promoção, adotada de maneira tradicional na filosofia, dos juízos universais. Em certo sentido, aquele é menos abrangente do que estes pelo fato de referir-se apenas a alguns casos, mas em outro sentido sua abrangência pode ser maior porque ele tem a possibilidade de apresentar esses elementos particulares, procedimento que não é utilizado pelo juízo universal, que pode ser um julgamento vazio: *alguns* homens proeminentes, tais como Epaminondas ou Alexande; *alguns* homens de "envergadura intelectual mediana", como Sócrates; e, no interstício entre o excelente e a "envergadura intelectual mediana", situa-se toda a margem de apreciação do leitor.

Quando um leitor assíduo de LudwigWittgenstein lê Montaigne dizendo que ele tem aversão pela pobreza "parceira da dor", reconhece aí o tratamento público do sentimento[4] que, supostamente, é o mais privado (a dor), mas avalia também as implicações éticas desse humanismo tão específico que consiste em fugir dos obstáculos e limitar o desumano: aquilo de que fugimos é mais bem conhecido do que aquilo que procuramos.

---

3. Cf. Gottlob Frege (1848-1925): "Em certo sentido, a proposição afirmativa particular é menos abrangente que a universal afirmativa; mas, em outro sentido, sua abrangência é maior porque ela comprova a realização dos conceitos", in *Les Lois fondamentales de l'arithmétique*, nota do parágrafo 13.
4. Cf. cap. VI: "A gramática do luto", p. 159.

Assim, temos a possível medida da pobreza por esse sentimento público, compartilhado pela "condição humana": a dor.

Indicações bibliográficas

1. Edições dos Ensaios e do Journal de voyage, de Michel de Montaigne

Les Essais, livros I-III. Ed. P. Villey, revista por L.-V. Saulnier. Apres. de Marcel Conche. Paris: PUF, col. "Quadrige", 1924, 1965 (2ª ed.) e 2004 (3ª ed.) (edição utilizada no original).

Les Essais, ed. Jean Balsamo, Michel Magnien e Catherine Magnien-Simonin; ed. de notas de leitura e das "máximas pintadas" de Alain Gros. Paris: Gallimard, "Bibliothèque de La Pléiade", 2007.

Journal de voyage, ed. François Rigolot. Paris: PUF, 1992.

Ensaios *em português*

Ensaios, vols. 1, 2 e 3. Trad. Sérgio Milliet. 2ª ed. Brasília: UnB/Hucitec, 1987 (texto utilizado nesta tradução); esta tradução foi publicada em 1961 pela Editora Globo de Porto Alegre, em três volumes.

Ensaios, vol. I [Livro 1 e Livro 2 até cap. XIII] e vol. II [Livro 2 a partir de cap. XIV e Livro 3]. Trad. de Sérgio Milliet. 4ª ed. São Paulo: Nova Cultural, col. "Os pensadores", 1987.

Os ensaios, 3 vols. Trad. Rosemary Costhek Abílio. São Paulo: Martins Fontes, 2002.

2. Estudos sobre Montaigne e obras consultadas

ALBUM Montaigne, iconografia selecionada e comentada por Jean Lacouture. Paris: Gallimard, "Bibliothèque de La Pléiade", 2007.

ATAS do Colóquio Internacional de Bordéus (1992), *Montaigne et l'Europe*. Bordéus: Editions Interuniversitaires, 1992.

AULOTTE, Robert. *Montaigne: Essais*. Paris: PUF, col. "Que sais-je?", 1988.

BOREL, Pierre. *Autour de Montaigne*. Paris: Delachaux & Niestlé, col. "Etudes littéraires", 1945.

BRAHAMI, Frédéric. *Le Scepticisme de Montaigne*. Paris: PUF, 1997.

BRUNSCHVIG, Léon. *Descartes et Pascal lecteurs de Montaigne*. Neuchâtel: La Baconnière, 1945.

BUTOR, Michel. *Essais sur les Essais*. Paris: Gallimard, 1968.

CARRAUD, Vincent; MARION, Jean-Luc (Orgs.). *Montaigne: scepticisme, métaphysique, théologie*. Paris: Épiméthée/PUF, 2004.

COMPAGNON, Antoine. *La Seconde Main ou le travail de la citation*. Paris: Seuil, 1979.

_____. *Nous, Michel de Montaigne*. Paris: Seuil, 1980.

_____. *Chat en poche, Montaigne et l'allégorie*. Paris: Seuil, 1993.

DESAN, Philippe (Org.). *Dictionnaire de Michel de Montaigne*. Nova edição corrigida e aumentada. Paris: Honoré Champion, 2007.

DUBOIS, Claude-Gilbert. *Essais sur Montaigne. La régulation de l'imaginaire. Ethique et politique*. Caen: Paradigme, 1992.

FRIEDRICH, Hugo. *Montaigne* [1949, 1967]. Trad. Robert Rovini. Paris: Gallimard, 1968.

GONTIER, Thierry. *De l'Homme à l'animal: Paradoxes sur la nature des animaux*. Paris: Vrin, 1998.

JAMA, Sophie. *L'Histoire juive de Montaigne*. Paris: Flammarion, 2001.

LANGER, Ulrich (Org.). *The Cambridge Companion to Montaigne*. Cambridge: Cambridge University Press, 2005.

LESCHELMELLE, Pierre. *Montaigne ou la mort paradoxe*. Paris: Imago, 1993.

LEVI-STRAUSS, Claude. "En Relisant Montaigne". In: *Histoire de lynx*. Paris: Plon, 1991 [ed. bras.: "Relendo Montaigne". In: *História de lince*. São Paulo: Companhia das Letras, 1993].

MATHIEU-CASTELLANI, Gisèle. *Montaigne: l'écriture de l'essai*. Paris: PUF, col. "Ecrivains", 1988.

_____. *Montaigne ou la vérité du mensonge*. Genebra: Droz, 2000.

METSCHIES, Michael. *La Citation et l'art de citer dans les Essais de Montaigne*. Trad. e pref. de Jules Brody. Paris: Honoré Champion, 1997.

MOREAU, Pierre. *Montaigne*. Paris: Hatier, col. "Connaissance des Lettres", 1966.

MOUREAU, François; BERNOULLI, René. *Autour du journal de Montaigne 1580-1980*. Atas das Jornadas Montaigne, Mulhouse/Basileia, out. 1980. Genebra: Slatkine, 1982.

NAKAM, Géralde. *Montaigne la manière et la matière*. Paris: Klincksieck, 1992.

_____. *Montaigne et son temps*. 2ª ed. Paris: Gallimard, col. "Tel", 1993.

POUILLOUX, Jean-Yves. *Lire les Essais de Montaigne*. Paris: François Maspero, 1979.

PRÉVOST, Jean. *La Vie de Montaigne*. Paris: Zulma, col. "Essai", 1992.

REGOSIN, Richard L. *The Matter of My Book, Montaigne's Essais as the Book of the Self*. Califórnia: University of California Press, 1977.

_____. *Montaigne's Unruly Brood, Textual Engendering and the Challenge to Paternal Authority*. Califórnia: University of California Press, 1996.

REVUE littéraire Europe, "Montaigne", jan./fev. 1990.

RIGOLOT, François. *Les Métamorphoses de Montaigne*. Paris: PUF, col. "Ecrivains", 1988.

ROUSSEL, François. *Le Magistrat sans juridiction*. Paris: Michalon, col. "Le bien commun", 2006.

SCREECH, Michael A. *Montaigne et la mélancolie* [1983]. Trad. fr. Paris: PUF, col. "Questions", 1992.

SÈVE, Bernard. *Montaigne, des règles pour l'esprit*. Paris: PUF, 2007.

SILVA, Agostinho da. "Michel Eyquem, senhor de Montaigne", separata de *O Instituto*, vols. 84 e 85. Coimbra: Imprensa da Universidade, 1933.

THIBAUDET, Albert. *Montaigne*. Paris: Gallimard, 1963.

TOURNON, André. *Montaigne en toutes lettres*. Paris: Bordas, 1989 [ed. bras.: *Montaigne*. São Paulo: Discurso Editorial, 2004].

_____. *Montaigne: la glose et l'essai*. Paris: Honoré Champion, 2000.

_____. *Route par ailleurs: Le Nouveau Langage des Essais*. Paris: Honoré Champion, 2006.

ZHIRI, Oumelbanine. *L'Afrique au miroir de l'Europe: Fortunes de Jean Léon L'Africain*. Genebra: Droz, 1991.

_____.*L'Extase et ses paradoxes: Essai sur la structure narrative du Tiers Livre*. Paris: Honoré Champion, 1999.

ZWEIG, Stefan. *Montaigne* [1960], trad. Jean-Jacques Lafaye e François Brugier Paris: PUF, col. "Quadrige", 1982, 1995 [ed. bras.: *Montaigne e a liberdade espiritual*. Rio de Janeiro: Zahar, 2014].

3. Textos sobre Montaigne em português

BAKEWELL, Sarah. *Como viver ou uma biografia de Montaigne em uma pergunta e vinte tentativas de resposta*. Trad. Clóvis Marques. Rio de Janeiro: Objetiva, 2012.

BIRCHAL, Telma de S. *O eu nos ensaios de Montaigne*. Belo Horizonte: UFMG, 2007.

BURKE, Peter. *Montaigne*. Trad. Jaimir Conte. São Paulo: Loyola, 2006.

CARDOSO, Sérgio. "Paixão da igualdade, paixão da liberdade: a amizade em Montaigne". In: NOVAES, Adauto (Org.). *Os sentidos da paixão*. São Paulo: Companhia das Letras, 1987.

_____. "Montaigne: uma ética para além do humanismo". *O Que nos Faz Pensar*, n. 27, pp. 257-278, maio 2010. Disponível em: <http://www.oquenosfazpensar.com/adm/uploads/artigo/montaigne:_uma_etica_para_alem_do_humanismo/sergio_cardoso_p257-278.pdf>.

COELHO, Marcelo. *Folha explica Montaigne*. São Paulo: Publifolha, 2001.

CONTE, Jamir. *O ceticismo de Montaigne*. Florianópolis, 1996. Monografia (Trabalho de Conclusão do Curso de Filosofia) — Centro de Filosofia e Ciências Humanas, Universidade Federal de Santa Catarina. Disponível em: <http://conte.prof.ufsc.br/txt-monografia.pdf>.

COSTA LIMA, Luiz. "Montaigne: a história sem ornatos". *Fênix — Revista de História e Estudos Culturais*, ano III, vol. 3, n. 2, abr.-jun. 2006. Disponível em: <http://www.revistafenix.pro.br/PDF7/11%20ARTIGO%20LUIS%20COSTA%20LIMA.pdf>.

EMERSON, R. W. *Homens representativos*. Trad. Alfredo Gomes. Rio de Janeiro: Tecnoprint, 1967.

EVA, Luiz A. A. *Montaigne contra a vaidade: Um estudo sobre o ceticismo na Apologia de Raimond Sebond*. São Paulo: Humanitas/FFLCH-USP, 2004.

_____. *A figura do filósofo: Ceticismo e subjetividade em Montaigne*. São Paulo: Loyola, 2007.

FRAMPTON, Saul. *Quando brinco com minha gata, como sei que ela não está brincando comigo? Montaigne e o estar em contato com a vida*. Trad. Marina Slade. Rio de Janeiro: Difel, 2013.

GIDE, André. *Montaigne*. Trad. Sérgio Milliet. São Paulo: Martins, col. "O pensamento vivo", vol. 1, 1951; vol. 2, 1953.

KRITERION — Revista de Filosofia, Belo Horizonte, v. 33, n. 86 [Número temático sobre Montaigne], 1992.

LACOUTURE, Jean. *Montaigne a cavalo*. Trad. F. Rangel. Rio de Janeiro: Record, 1998.

MARGARIDO, Alfredo. "A mãe judia (portuguesa) de Michel de Montaigne ou o carácter implacável do antissemitismo francês?". *Campus Social — Revista Lusófona de Ciências Sociais*, n. 1, 2004. Disponível em: <http://revistas.ulusofona.pt/index.php/campus-social/article/view/183/95>.

MARQUES, Luiz G. *Reflexões de Montaigne para a vida diária I*. Rio de Janeiro: AMCGuedes, 2011.

MOREAU, Pierre. "O homem e a obra". In: *Ensaios*, vol. I, 2ª ed. Brasília: UnB/Hucitec, 1987.

MOURA, Rosana S. de. "Finitude, 'frequentação do mundo' e formação humana em Michel de Montaigne". *Educação & Realidade*, Porto Alegre, vol. 39, n. 4, Faculdade de Educação, UFRS, out./dez. 2014. Disponível em: <http://www.scielo.br/scielo.php?pid=S2175-62362014000400012&script=sci_arttext>.

MUZZI, Eliana Scotti. "Os ensaios de Montaigne ou a escrita nômade". *Kriterion — Revista de Filosofia*, Belo Horizonte, v. 33, n. 86, pp. 93-99, ago. 1992.

PLUTARCO; SUETÔNIO. *Vidas de César*. Trad. e notas Antônio da Silveira Mendonça e Ísis Borges da Fonseca. São Paulo: Estação Liberdade, 2007.

SOUZA FILHO, José Alexandrino de. "A utopia tupi, segundo Montaigne". *MORUS — Utopia e Renascimento*, Campinas, n. 6, 2009. Disponível em: <http://www.revistamorus.com.br/index.php/morus/article/view/69/54>.

STAROBINSKI, Jean, *Montaigne em movimento*. São Paulo: Companhia das Letras, 1993.

VIEGAS, Rafael M. "Montaigne de [A] a [C]. Ensaio sobre as *couches*". *Remate de Males*, Campinas, vol. 31, n. 1-2, pp. 35-52, jan./dez. 2011. Disponível em: <http://revistas.iel.unicamp.br/index.php/remate/article/viewFile/1424/2142>.

_____. "No seio das doutas virgens: Análise pastoral de um texto preambular de Montaigne". *Anamorfose — Revista de Estudos Modernos*, vol. 1, n. 1, pp. 60--85, 2013 [Instituto Multidisciplinar de Formação Humana com Tecnologias (IFHT-UERJ)]. Disponível em: <www.anamorfose.ridem.net/index.php/anamorfose/article/view/8>.

VILLEY, Pierre. "Os *Ensaios* de Montaigne". In: *Ensaios*, vol. II, 2ª ed. Brasília: UnB/Hucitec, 1987.

WEILER, Maurice. "Para conhecer o pensamento de Montaigne". In: *Ensaios*, vol. III, 2ª ed. Brasília: UnB/Hucitec, 1987.

WOOLF, Virginia. "Montaigne". In: *O sol e o peixe: Prosas poéticas*. Sel. e trad. Tomaz Tadeu. Belo Horizonte: Autêntica, 2014.

ESTE LIVRO FOI COMPOSTO EM SABON CORPO 10,7 POR 13,5 E
IMPRESSO SOBRE PAPEL OFF-SET 75 g/m² NAS OFICINAS DA ASSAHI
GRÁFICA, SÃO BERNARDO DO CAMPO-SP, EM NOVEMBRO DE 2016